Max Buch

Finnland und seine Nationalitätenfrage

Max Buch

Finnland und seine Nationalitätenfrage

ISBN/EAN: 9783742840448

Hergestellt in Europa, USA, Kanada, Australien, Japan

Cover: Foto ©Suzi / pixelio.de

Manufactured and distributed by brebook publishing software (www.brebook.com)

Max Buch

Finnland und seine Nationalitätenfrage

Finnland und seine nationalitäte.

Max Buch

BALT 1580.25

THE SLAVIC COLLECTION

Harbard College Library

BOUGHT WITH THE GIFT OF

Archibald Cary Coolidge, Ph.D.

(Class of 1887)

ASSISTANT PROFESSOR OF HISTORY

Received 3 August 1903

Finnland

und seine

Nationalitätenfrage.

Von

Max Buch.

Stuttgart.

Verlag der J. G. Cotta'schen Buchhandlung.

1883.

Vorwort.

In unsrer Zeit, wo die Nationalitätenfrage in ganz Europa und darüber hinaus eine so große Bedeutung erlangt hat, wird die Darstellung dieser Frage, wie sie sich in Finnland entwickelt hat, vielleicht Interesse erregen schon deswegen, weil einmal Finnland in Europa auffallend unbekannt ist und anderseits hier die Sachen ähnlich liegen, wie auch in einigen andern Ländern Europas, in den russischen Ostseeprovinzen z. B. und in Ungarn, in welchen beiden Ländern auch stammverwandte Völker vorherrschend in Frage kommen, germanische und finnische. Gleichwohl aber möchte ich nachdrücklich davor warnen, die finnischen Verhältnisse namentlich auf diejenigen der russischen Ostseeprovinzen ohne weiteres zu übertragen. Die nationalfinnischen Patrioten haben ein tüchtiges Stück ehrlicher Arbeit hinter sich und schreiten stets besonnen und mit vollem Bewußtsein dessen vorwärts, was sie erreichen können und dürfen, die esthnischen Volksbeglücker dagegen haben noch nichts, worauf sie sich stützen könnten, wenn die deutsche Kultur in den Ostseeprovinzen zertrümmert wird und das Chaos hereinbricht; toll und blind jagen sie einem phantastischen Esthenreiche nach, das sich nie verwirklichen wird und kann, oder die Geschichte müßte umkehren. Die Esthen lauschen dem Sirenengesange gewisser russischer Zeitungen und werden es einst schwer bereuen; die Finnen kümmern sich in patriotischer Besonnenheit nur um sich selbst und fahren wohl dabei, so lange sie diese glückliche Besonnenheit nicht hinter sich werfen.

Die Aehnlichkeit der finnischen Verhältnisse mit den heimischen veranlaßte mich, einen baltischen Deutschen, der Nationalitätenfrage in Finnland näher zu treten. Bei einem kaum zweijährigen Aufenthalte in Finnland mag ich mich in Nebendingen versehen haben, in den Hauptsachen aber habe ich recht, um so mehr, als ich mich nach Möglichkeit auf Zahlen stütze; jedenfalls sind auf den folgenden Blättern die Anschauungen eines unbefangenen Beobachters und unparteiischen Zuschauers niedergelegt, was ja auch seinen Wert hat.

Helsingfors 1882.

Der Verfasser.

I.

Finnlands Natur.

Das Großfürstentum Finnland ist an dem Ostabhang des skandinavischen Gebirgsstockes gelegen, der hier beginnt, sich zur großen russischen Ebene abzusenken. Am höchsten sind die nordwestlichen Gebiete; da finden sich zwei Gipfel bis 2000 Fuß über der Meeresoberfläche. Nach Osten, besonders aber nach Süden werden die Höhenzüge immer niedriger; doch auch in diesen ebenen Gebieten sieht man noch überall die granitenen „Rippen" des Landes hervortreten. Die Höhen sind meist bewaldet, die Abhänge und die Thäler aber reich bebaut, und überall blinken Seen und Flüsse. Die Seen sind meist schmal und mit unzähligen bewaldeten Inselchen bedeckt. Typisch ist das System des Saimasees, welcher vom 61.° bis 64.° sich erstreckend, doch häufig nicht breiter ist als ein mäßiger Fluß. Außerdem gibt es eine unzählige Menge kleiner Waldseen, häufig nur durch einen schmalen Landrücken voneinander getrennt. Die Ströme sind meist reißend, haben häufig Stromschnellen und Wasserfälle. Besonders sind die Fälle und

Stromschnellen des Imatra berühmt geworden, der die Wassermassen des Saima dem Meere zuführt. Es gibt überhaupt auf der ganzen Erde kein so wasserreiches Land wie Finnland, und dies trägt in vieler Hinsicht zur Wohlfahrt des Landes bei. Die Seen und Flüsse sind vielfach schiffbar und erleichtern so den Verkehr. Vielfach helfen dazu noch Kanäle, und namentlich ist jenes so tief nach Norden ins Innere des Landes eindringende Saimasystem durch einen prächtigen Kanal mit dem Meere verbunden. Finnland besitzt überhaupt 130 km fertiger Kanäle. Indem die finnischen Küsten im Westen und Süden von der Ostsee bespült sind, blüht Handel und Schiffahrt. Die Küsten sind stark gegliedert und bieten zahlreiche gute Häfen, welche noch gegen das offene Meer durch eine zahlreiche Menge kleiner Inseln, die finnischen Skären, geschützt sind. In andrer Hinsicht verdankt Finnland seinem Wasserreichtum ein verhältnismäßig mildes Klima; nirgends mehr reicht, wie in Finnland, der Ackerbau bis zum 68.° bis 69.° nördlicher Breite hinauf. Grönland, dessen Südspitze Kap Farewell, in gleicher Breite mit der Südspitze Finnlands Hangöudd, liegt, weicht in Klima, Vegetation und Kultur mehr von Finnland ab, als dieses von Italien (Ignatius). Entsprechend solchen günstigen Bedingungen ist die Bevölkerung in Finnland dichter als in der gleichen Breite in Schweden und Norwegen, nicht zu reden von den russischen Provinzen gleicher Breite. Finnland hat rund 2,060,000 Einwohner (1,010,000 männliche und 1,050,000 weibliche) auf einem Flächenraum von 6367 Quadratmeilen, mit Einschluß der Inseln und Seen, mit Ausschluß jedoch des Ladogasees. Das Land ist also etwas größer als das Königreich Preußen. Das Klima der verschiedenen Orte Finnlands variiert natürlich ungemein. Abo an der Südküste hat eine mittlere Jahrestemperatur von $+ 4{,}6^0$ C., Enontekis im Norden dagegen nur $- 2{,}6^0$ C. Dementsprechend ist auch die Kultur des Landes in den nördlichen Strichen sehr verschieden von der des Südens. Während hier reich bebaute Felder mit mächtigem Hochwalde, tiefen Seen und raschen Wasserläufen abwechseln, herrschen dort sandige Heiden vor, undurchdringliche Moore und Sümpfe, kümmerliche Wälder und dürftige Weiden, auf denen der genügsame Lappe seine ebenso genügsamen Renntiere weidet.

II.

Die Urfinnen.

Das jetzige Finnland wurde in der Mitte des ersten Jahrtausends unsrer Zeitrechnung von dem in der skandinavischen Sage erwähnten Volke der Jetuner bewohnt, welche zwar gewöhnlich als zu der finnisch-ugrischen Familie gehörig angesehen werden, jedoch nicht die Vorfahren der jetzigen Finnen sind. Zu jener Zeit wohnten, wie aus vielen Ortsnamen erhellt, die Lappen, wahrscheinlich von den Jetunern beherrscht, viel weiter nach Süden herab als gegenwärtig. Die finnisch-ugrischen Völker bewohnten im Anfange unsrer Zeitrechnung wahrscheinlich außer ganz Sibirien auch die ganze norbrussische Ebene, mehr als die Hälfte des heutigen europäischen Rußland. Der Gruppe nun, von welcher die jetzigen Finnen abstammen, der Karelier, Tawasten, Wepsen und Finnen, wird in der Mitte des 4. Jahrhunderts als den Goten zinspflichtig Erwähnung gethan; sie wohnten dann am oberen und mittleren Laufe der Wolga, wo diese ihre große Krümmung nach Süden macht. Im 7. Jahrhundert gründeten die Chazaren, welche früher unter der Herrschaft Attilas gestanden, ein großes Reich an der unteren Wolga und verdrängten die den Hunnen stammverwandten Bulgaren von ihren Wohnsitzen am Don. Diese zogen nun teils nach Westen und ließen sich hier im heutigen Bulgarien nieder, wo sie bald mit den slawischen Stämmen verschmolzen, teils zogen sie nach Norden und gründeten das großbulgarische Reich an der mittlern Wolga mit der Hauptstadt in der Nähe des heutigen Kasan. Hierdurch wurden nun die Finnen, Tawasten und Karelen aus ihren bisherigen Wohnsitzen verdrängt, zogen sich nach Westen zurück und setzten sich teils an den südlichen Ufern der Ostsee unter den Namen Liven, Kuren und Esthen in den nach ihnen benannten Küstengebieten fest, teils zogen sie nördlich vom Finnischen bis zum Bottnischen Meerbusen hin und ließen sich im heutigen Finnland nieder, doch reichten ihre Wohnsitze weiter nach Osten hin als heutzutage und umgaben den Ladogasee (Koskinen).

Die vorgeschichtlichen Studien haben bisher ergeben, daß es in Finnland ein Steinalter gegeben hat, das teils auf eine Verbindung mit dem skandinavischen Norden hinweist, teils mit russischen Funden übereinstimmt. Man hat versucht, die Funde nach zwei Regionen zu sondern, einer südwestlichen, skandinavischen, und einer nordöstlichen, einheimischen. Vom Bronzealter hat man in Finnland nur geringe Spuren gefunden, und diese weisen auf eine Verbindung einzig mit Skandinavien. Das ältere Eisenalter in Finnland war so ausgesprochen skandinavisch, daß es nicht allein auf reiche Handelsverbindungen, sondern auch auf ausgebreitete skandinavische Kolonisation in Finnland hinweist. Auf dieselbe reiche Verbindung mit Skandinavien weist auch das mittlere Eisenalter hin, während das jüngere Eisenalter einen länger dauernden Abbruch dieser Beziehungen bekundet, denn die in Finnland mit Ausnahme der Insel Aland gemachten Funde dieses Zeitalters bekunden alle eine Verbindung mit Rußland. Erst in der letzten Zeit des jüngeren Eisenalters, gegen Beginn der historischen Periode, tauchen wieder deutliche Spuren von skandinavischer Kultur in Finnland auf, worauf auch die altnordischen Sagen hinweisen.

Die vergleichende Sprachforschung, namentlich das Studium der Kulturwörter der finnischen Sprache, hat durch die ausgezeichnete Arbeit von Prof. Ahlquist zu vielen interessanten Aufschlüssen geführt. Dieses Studium hat nun ergeben, daß die finnische Sprache eine große Anzahl von Kulturwörtern den germanischen Sprachen entlehnt hat, und daß diese entlehnten Worte von zwei ganz verschiedenen Zeitaltern herstammen, einem späten, historischen, infolge von Berührung mit den Schweden, und einem sehr alten, älter selbst als die Zeit der sogenannten altnordischen Sprachform; ja man wird zu der Annahme gezwungen, daß die finnischen Volksstämme schon vor anderthalb bis zwei Jahrtausenden in unmittelbarer Berührung mit gotischen Völkern in Mittelrußland oder den Ostseelandschaften gestanden haben. Durch Ahlquist's Untersuchungen hat man auch ein anschauliches Bild von der Kulturstufe, auf welcher die Finnen vor ihrer Berührung mit den Goten und Schweden standen, sowie ihrer damaligen Lebensweise, wovon dieser Forscher selbst folgendes zusammenfassende Bild liefert:

Die alten Finnen lebten hauptsächlich von Jagd und Fischfang; ihr vornehmstes Haustier war der Hund; doch auch Pferd und Kuh waren ihnen nicht unbekannt, noch aber verstanden sie nicht, aus der Milch der letzteren Butter oder Käse zu bereiten. Schaf, Ziege und Schwein lernten sie erst an der Ostsee kennen. Der Feldbau scheint ihnen nicht ganz unbekannt gewesen zu sein, sie betrieben aber bloß den Feldbau der Nomaden, die Rodung (Urbarmachung des Waldes durch Verbrennung desselben). Von Getreide kannten sie nur die Gerste, von Wurzelfrüchten die Rübe. Von ihren Nachbarvölkern an der Ostsee lernten sie erst den eigentlichen Ackerbau und das Benutzen vollkommener Ackergerätschaften, sowie das Bauen von Weizen, Roggen, Hafer und Hülsenfrüchten. Die Wohnung einer Familie bildete das Kota, welches aus pyramidenförmig aufgerichteten Latten oder Stangen bestand, welche sich gegen einen Baumstamm oder aber gegenseitig stützten; für den Winter wurde es mit Häuten überzogen. Eine andre Art von Wohnung bildete die Sauna, eine in die Erde gegrabene Grube mit einem Dach oberhalb der Erde. Die Einrichtung solch einer Wohnung war äußerst einfach. Sie besaß eine Thüröffnung, einen Rauchfang oben, eine von einigen losen Steinen gebildete Feuerstatt in der Mitte des Raumes, jedoch keine Diele noch Fenster; das Licht konnte nur durch die offene Thüre oder die Rauchluke im Dach eindringen. Gezimmerte Wohnungen mit Diele und Dach, mit Luken oder später Fenstern in den Wänden, Bänke oder andres Sitzgeräte, wie auch eine gemauerte Feuerstätte lernten sie erst nach Ankunft an die Ostsee kennen. Das einfache Hausgerät bestand aus einigen Kasten und Gefäßen aus Holz oder Baumrinde, das übrige bewegliche Eigentum aus Fischerei- und Jagdgeräten, Schneeschuhen, kleinen Schlitten und Booten. Reisen wurden im Winter auf Schneeschuhen oder Renntierschlitten gemacht, im Sommer zu Fuß, zu Pferde oder zu Boot, Landwege oder Räderwagen gab es nicht. Die Kleidung bestand ausschließlich aus Fell; sie wurden von der Hausmutter mittels Knochennadeln genäht. Die Männer verfertigten Boote, Fischerei- und Jagdgeräte; von den übrigen Handwerken scheint ihnen nur die Schmiedekunst bekannt gewesen zu sein; und auch das kann noch bezweifelt werden, ob sie diese Kunst aus

ziemlich ausgebildet gewesen zu sein. Die zahlreichen
Bezeichnungen für Verwandtschaftsgrade sind größtenteils
gemeinsam für die verschiedenen finnischen Sprachen, ein
Beweis dafür, daß diese Begriffe bei der Trennung
der Völker im Osten schon existierten. Die Ehege-
bräuche scheinen auch in heidnischer Zeit durch die Be-
kanntschaft mit litauischen Völkern einige Veränderungen
erlitten zu haben. Leibeigene gab es nicht, wohl aber
gemietete freie Diener und Arbeiter. Eine Art Kommune
mit der Bezeichnung pitäja scheint wenigstens bei einigen
Stämmen bestanden zu haben, wie auch ein gewählter
Kommunal- oder Kriegsvorsteher, welcher vielleicht auch
nach Billigkeit und alter Ueberlieferung einzelne Zwiste
schlichtete. Geschriebene Gesetze aber und eigentliche Richter
gab es nicht, noch auch erbliche Fürsten, noch überhaupt
irgend eine Staatsgemeinschaft. Ueberhaupt scheinen die
Urfinnen, wie alle Nomaden- und Jägervölker, einen
größern Wert auf die unbegrenzte individuelle Freiheit gelegt zu haben, als auf die Sicherheit, welche das Gemeinde-
leben auf Kosten eines Teils dieser Freiheit bietet. Aus
diesem Widerwillen gegen das Staatsjoch, das sich noch
teilweise im finnischen Volkscharakter erhalten hat, ist es
erklärlich, daß die angrenzenden slawischen und germanischen
Völker, welche damals schon in geordneten Gemeinden
lebten, verhältnismäßig so leicht die baltisch-finnischen
Stämme unterwerfen konnten. — Die Religion war die
schamanische, die gemeinsame für alle ural-altaischen Völker,
ehe der Buddhismus und Mohammedanismus und das

Christentum Eingang fanden. Die baltischen Finnen scheinen aber noch während des Heidentums verschiedene dem Schamanismus fremde Vorstellungen den litauischen Nachbarvölkern entlehnt zu haben. Daß dieses durch Studium der finnischen Kulturworte gewonnene Bild des Kulturgrades der Urfinnen auf ihren alten Wohnsitzen ein richtiges ist, wird bestätigt durch den Kulturzustand, in welchem die ostfinnischen Völker sich noch heutigestags befinden.

Ein weiteres sehr vollständiges Bild einer spätern Periode und zwar der letzten Zeit des Heidentums geben uns die Runen (Gesänge) des Kalevala-Epos, das aus den letzten Jahrhunderten des ersten und den ersten des zweiten Jahrtausends stammt; es spielt rings um den Ladogasee herum und verrät ein ausgesprochenes Eisenzeitalter. Da besaß man schon richtige gezimmerte Häuser aus Balken mit zwischengepfropftem Moos, mit Holzdielen und gemauertem Ofen, doch ohne Rauchfang. Bänke und Tische dienten schon als Möbel. Zum Hause gehörte eine Badstube genau von derselben Konstruktion wie heute, auch war selbst die Seife schon bekannt. Es werden ferner der Riege erwähnt zum Trocknen und Dreschen des Getreides und Ställe für Pferde, Rind, Schaf und Schwein. Bienen- und Hühnerzucht waren bekannt. Der Ackerbau fand noch mittels des Rodens statt; Egge und Pflug finden Erwähnung. Gerste, Hafer, Roggen und Weizen werden genannt, ferner Flachs, Erbsen, Bohnen, Rüben. Die Fischerei wurde mit dem Angelhaken sowie mit Stell- und Zugnetz betrieben. Für die Jagd wurden Pfeil und Armbruſt, Jagdſpeer und Meſſer benutzt. Als Kriegsgeräte werden Schwert, Keule, Schild, Panzer ꝛc. erwähnt. Im Bootbauen war man ſonderlich geübt; man wandte ſchon Maſt und Segel an. Die Schmiedekunſt ſcheint beſonders entwickelt geweſen zu ſein, und zwar wurde auch feinerer Weiberſchmuck, Ringe, Gürtelketten, Goldohrgehänge ꝛc. vom Schmiede verfertigt. Für die Holzarbeit werden Axt, Meſſer, Bohrer ꝛc. erwähnt. Weiter werden viele Arbeiten aus Birkenrinde verfertigt; die Weiber verſtanden ſchon Tuch für Kleider und Decken zu weben. Aus mehreren Stellen geht hervor, daß es damals wirkliche Sklaven gab. Fleiſch, Fiſch, Brot und verſchiedene Kuchen bildeten die Nahrung; das Salz erhielt man durch den Handel. Als Getränke dienten außer Waſſer und Milch noch Kalja (Dünnbier), Met und Bier, echtes Hopfenbier. Bei feſtlichen Gelegenheiten vergnügte man ſich mit Spiel, Tanz und Sang, den man mit der Kantele begleitete, einem Inſtrument mit fünf Saiten. Beſondere Macht hatte der Geſang nebſt Kantelespiel, ja man ſchrieb ihm Zauberkraft zu.

Ich muß mir leider verſagen, in die Einzelheiten einzugehen, ich erwähne nur, daß viele Züge von dem, was in Kalevala geſungen und geſagt, noch heutigestags, namentlich am Geſtade des Ladoga ſich erhalten finden.

III.

Finnland bis zur Vereinigung mit Rußland.

Die Religion der alten Finnen war, wie schon bemerkt, die schamanische und ist uns in ihren Hauptzügen in den Runen des Kalevala 'erhalten. Das Christentum scheint zuerst von russischen Missionaren geprebigt worden zu sein, konnte aber lange keinen festen Fuß fassen. Im Jahre 1157 unternahm König Erich von Schweden unter Führung des Bischofs Heinrich von Upsala einen Kreuzzug nach Finnland, eroberte das Land nach mehreren blutigen Schlachten und zwang das Volk zur Taufe. So wurde das Christentum in Finnland eingeführt, und dieses blieb hinfort schwedische Provinz. Allerdings dauerte es fast zwei Jahrhunderte, bis ganz Finnland der Herrschaft Schwedens und der Kirche endgültig unterworfen und namentlich der Widerstand des am weitesten nach Osten hin wohnenden kriegerischen Stammes der Karelier vollständig gebrochen wurde.

Zur Zeit der Eroberung von Finnland gab die freisinnige bürgerliche Verfassung Schwedens dem Volke einen thätigen Anteil an der Regierung. Eine Leibeigenschaft gab es kaum, und die letzten Reste derselben wurden von König Magnus Erikssøn 1347 abgeschafft, und sein Sohn Hakon gab dem finnischen Volke den gleichen Anteil an der Königswahl, wie ihn die übrigen Landschaften besaßen. Die lutherische Reformation wurde bereits 1525 in

Finnland begonnen und unter Gustav Wasas Regierung bald glücklich durchgeführt. Wenn Finnland auch allen übrigen schwedischen Landschaften vollständig gleichgestellt war, so wurde doch die fremde Sprache im Volke bisweilen drückend empfunden. Zwar fand in Finnland eine ziemlich reichliche schwedische Kolonisation statt, schwedisch war die Kultursprache, die Sprache der Gebildeten des Landes, und wo Schweden und Finnen in nähere Berührung traten, da nahmen diese die schwedische Sprache an. Diese Verschwedung beschränkte sich aber hauptsächlich auf die westlichen und die Küstengebiete, im Lande selbst saß die finnische Bevölkerung durchaus kompakt, da verstand man kaum einige Worte schwedisch. Schon im Jahre 1725, als eine schwedische Kommission nach „dem großen Unfrieden", dem nordischen Kriege, der Finnland fürchterlich verwüstet hatte, das Land bereiste, um dessen Zustand zu untersuchen, wurde mehrfach der Wunsch ausgesprochen, daß die königlichen Verordnungen und Bekanntmachungen auch in finnischer Sprache gedruckt werden sollten. Im Reichstage 1731 verlangten die finnischen Abgeordneten dringend, daß man der Provinz entweder solche Richter gebe, die der Landessprache kundig seien, oder vereidigte Dolmetscher u. s. w. Immerhin aber wurden dergleichen Dinge im Volke zwar unbequem, aber doch nicht schmerzlich empfunden, und niemals konnten sie bei irgend einem Finnen die Treue gegen Schweden wankend machen. Viel bedeutsamer war ein andrer Umstand. Finnland war von Schweden aus nur

ihrer Urheimat mitgebracht. Von Metallen scheint bloß
Kupfer und Silber ihnen bekannt gewesen zu sein. Von
Gerätschaften für Holzarbeit kannten sie bloß das Messer.
Die Steinaxt war den Ursinnen aller Wahrscheinlichkeit
nach bekannt; doch ist der Name dafür verloren gegangen,
während man die Eisenaxt erst an der Ostsee kennen lernte.
Was die Zeugbereitung anlangt, so scheinen sie nur
verstanden zu haben Filz zu machen; wohl aber wußten sie
mit der Spindel Zwirn aus den Fasern einer Nesselart
zu spinnen. Das Schaf, wie die Kunst, aus seiner Wolle
Garn und Gewebe zu fertigen, erhielten sie erst im Westen.
Dagegen verstanden sie wohl, Felle zu gerben, wie auch,
an ihrem Nesselzwirn und den Sommerkleidern aus ge=
gerbten Häuten einige einfache Farben anzubringen. Das
Meer und die eigentliche Seefahrt lernte man erst am
Baltischen und Weißen Meere kennen. Vor der Ankunft
an der Ostsee bestanden die Fahrzeuge der Ursinnen aus
kleinen (hölzernen?) und einfachen Booten für Fluß und
Landsee; Segel trugen sie nicht, auch wurden sie nicht auf
die jetzt übliche Art gerudert, sondern vorwärts getrieben
durch das Schaufeln mittels eines oder mehrerer von der
Art Ruder, das im Finnischen mela heißt.

Städte gab es nicht. Der Handel bestand im Tausch=
handel, wobei Häute, zumal Eichhornfelle als Tausch=
mittel für die wenigen ausländischen Waren, deren man
beburfte, in Anwendung kamen. Außer einigen Längen=
maßen lernte man Maß und Gewicht erst von den Nach=
barvölkern an der Ostsee. Das Familienleben scheint

zu Wasser zugänglich und im Frühling und Herbst wochenlang gar nicht zu erreichen. Ueberhaupt schließt sich Finnland seiner geographischen Lage nach durchaus eng an Rußland an, und hatte daher von jeher alle russisch-schwedischen Händel auszubaden. Schon „der große Herr Nowgorod", die mächtige Stadtrepublik führte einen beständigen Grenzkrieg mit den finnischen Stämmen; der Zar Iwan III., der Besieger Nowgorods führte einen langen Krieg mit Schweden, unter welchem namentlich Finnland zu leiden hatte; auch später mischten sich die russischen Zaren häufig in die schwedischen Händel, doch erst im 18. und 19. Jahrhundert gelang es Rußland, Finnland endgültig zu gewinnen. In den Friedensschlüssen von Nystad 1721 und Abo 1743 fiel ein Teil Finnlands nach dem andern an Rußland. Schweden war offenbar nicht mehr im stande, es zu schützen; Finnland drohte zu zerbröckeln und im russischen Reiche spurlos aufzugehen. Schweden liebäugelte stets mit Norwegen, und Gustav III. war, scheint es, nicht abgeneigt, Finnland fahren zu lassen, wenn er nur Norwegen erhielte. Schon längere Zeit vor der endlichen vollständigen Loslösung Finnlands von Schweden war daher bei einigen finnischen Edelleuten der Gedanke aufgetaucht, ein selbständiges Finnland unter Rußlands Schutz zu gründen. Namentlich Magnus von Sprengtporten, ein finnischer Edelmann, war Träger dieses Gedankens gewesen, und im Kriege von 1788 versuchten seine Anhänger, die Mitglieder des sogenannten Anjalabundes, bereits seinen Plan zur Ausführung zu bringen.

Der Putsch mißlang, auch war dieser Versuch, den König Gustav III. selbst gefangen zu nehmen, mit großer Naivität ins Werk gesetzt und, was die Hauptsache war, es fehlte dem Bunde die Stütze im Lande selbst, denn die politisch maßgebenden Faktoren, der Adel und die Beamten, wie auch die Offiziere, trugen schwedische Namen, redeten die schwedische Sprache und waren in ihrer großen Mehrzahl gut schwedisch gesinnt. Das finnische Volk aber fürchtete die russische Leibeigenschaft. Schweden war jedoch machtlos, überließ darum die Verteidigung Finnlands meist den Finnen selbst und, wie tapfer diese auch kämpfen mochten, schließlich mußten sie dem mächtigen Nachbar unterliegen. Es war ein Glück für Finnland, daß zur Zeit seiner endlichen vollständigen Vereinigung mit Rußland im Jahre 1809 ein so freisinniger Monarch die Krone Rußlands trug, wie Alexander I., und daß dieser zugleich einen so freisinnigen und liberal denkenden Mann zum Berater hatte, wie Speranski. Allerdings hat Finnland seine unabhängige Stellung zum Teil wohl dem Einfluß des greisen Sprengtporten zu verdanken. Schon Katharina und später Alexander I. hatten ihm Versprechungen gemacht, und Alexander brach kein gegebenes Wort. Zudem war es vielleicht hier auch sehr staatsklug gehandelt, Finnland eine weitgehende Selbstverwaltung zu geben, um es sicher von Schweden abzuwenden. Möge dem sein wie ihm wolle, jedenfalls veranlaßte Alexander nach der vollständigen Besitznahme des Landes, doch noch vor dem offiziellen Friedensschlusse, die finnischen Stände ein Separatabkommen mit Rußland zu treffen. Am 27. Mai 1809 wurde der erste finnische Landtag in Borgå eröffnet, und zugleich versicherte und bestätigte Alexander, der in Person den Landtag eröffnete, „die Religion und die Grundgesetze des Landes, sowie die Privilegien und Gerechtsame, welcher jeder Stand im besagten Großfürstentum insbesondere, und alle dessen Bewohner überhaupt, so höhere wie niedere, bisher, der Konstitution gemäß, genossen".

IV.
Finnlands Verfassung.

Die finnischen Stände arbeiteten im Frühling 1809 auf dem Landtage in Borgå die finnische Verfassung aus. Daß das ohne alle Vorbereitungen so rasch ging, erklärt sich daraus, daß in allen Hauptsachen die schwedische Verfassung adoptiert wurde, beruhend namentlich auf der Konstitution vom 21. August 1779, sowie der Vereinigungs- und Sicherheitsakte von 1789. Später sind mancherlei Veränderungen eingetreten; besonders wichtig war die Landtags- und Senatsordnung von 1869. Ich halte es daher für das beste, die gegenwärtige finnische Verfassung in ihren Hauptzügen darzustellen. [1]

Finnlands Verbindung mit Rußland hat den Charakter einer dynastischen Staatsunion oder Realunion. Das

[1] Nach Prof. Mechelin, Staatsrechtslehrer der Universität Helsingfors.

russische Thronfolgegesetz gilt auch für Finnland. In völkerrechtlicher Hinsicht bildet Finnland mit Rußland ein kollektives Rechtssubjekt. In allen innern Angelegenheiten dagegen ist das Staatsleben Finnlands, das von seinen eigenen Regierungsorganen geleitet wird, vollständig gesondert und unabhängig von Rußland. Der Kaiser-Großfürst regiert das Land nach dessen Gesetzen. Teils als Rat des Monarchen, teils als Regierungskollegium dient der finnische Senat, welcher in des Großfürsten Namen die Angelegenheiten besorgt, welche nicht seinem eigenen Beschlusse vorbehalten sind. Der Generalgouverneur führt den Vorsitz im Senat. Dieser besteht aus einem Justiz- und einem Oekonomie-Departement. Das erstere besteht aus einem Vizepräses und neun Mitgliedern und ist des Landes höchste Gerichtsinstanz. Das Oekonomie-Departement besteht aus einem Vizepräses und zehn Mitgliedern und leitet die Staatsverwaltung. Es umfaßt sechs Ressorts: das Zivil-, Finanz-, Kämmerei-, Militär-, geistliche und landwirtschaftliche Ressort. Chef jedes Ressorts ist ein Senator. Die Chefs des Zivil- und Finanzressorts haben außerdem je einen Stellvertreter, der gleichfalls Senator ist. Die Ressorts entscheiden über kleinere Gegenstände selbständig; die wichtigeren Fragen aber werden von ihnen vorbereitet und im Departement vorgetragen. Das Plenum des Senates wird gebildet entweder durch den Wortführenden, die beiden Vizepräses und vier Mitglieder jedes Departements, oder aber, wenn Landtagsfragen behandelt werden, aus dem Wortführenden und allen Senatoren. Außer seiner Funktion als Präses des Senats hat der Generalgouverneur auch als oberster Chef der Zivilverwaltung über diese zu wachen, und ist zugleich Chef der finnischen Armee. Der Prokurator, unterstützt von einem Adjunkt, übt die Oberaufsicht über die gehörige Handhabung der Gesetze und ist der höchste Aktor[1] des Landes.

Der Minister-Staatssekretär hat seinen Wohnsitz in St. Petersburg und hat den Vortrag aller finnischen Angelegenheiten beim Monarchen, mit Ausnahme der militärischen. In Abwesenheit des Ministers hat sein Stellvertreter oder Adjunkt den Vortrag. Beim Staatssekretariat besteht ein Komitee für finnische Angelegenheiten, bestehend aus dem Minister-Staatssekretär, seinem Adjunkt und noch drei Mitgliedern, von welchen der Senat zwei vorschlägt und einer vom Monarchen direkt ernannt wird. Das Komitee hat sich bloß mit denjenigen Angelegenheiten zu befassen, welche der Monarch seiner Beurteilung übergibt. Die Beschlüsse des Monarchen werden entweder in solcher Form ausgefertigt, daß der Monarch sie eigenhändig unterzeichnet und der Minister-Staatssekretär kontrasigniert, oder aber dieser fertigt sie aus unter Berufung auf den Willen des Monarchen, und der erste Expeditionssekretär kontrasigniert. Alle Militärangelegenheiten werden vom russischen Kriegsminister vorgetragen, der zugleich auch Kriegsminister für Finnland ist. In seinem

---

[1] Oeffentlicher Ankläger.

Ressort besteht eine besondere Expedition für finnische Militärangelegenheiten unter Verwaltung eines finnischen Offiziers. Die dem Senate untergeordneten Verwaltungs=
faktoren sind teils zentrale, teils lokale. Die ersteren, mit ihrem Sitz in Helsingfors, sind: die Medizinalverwal=
tung, Postverwaltung, Oberverwaltung der Staatsbauten, Obergefängnisverwaltung, General=Zolldirektion, Ober=
lotsen=Verwaltung, das allgemeine Revisionsgericht, Land=
messerei=Verwaltung, Forstverwaltung, Oberschul=Verwal=
tung u. s. w. Die lokalen Gewalten sind: die Gouver=
nements=Verwaltung, die Magistrats= und Polizeikammern. Die Organe der Staatsverwaltung haben indes wenig mit den Kommunalverwaltungen zu thun, da diese eine sehr weitgehende Selbstverwaltung genießen; das gilt auch für die Verwaltung der kirchlichen Gemeinden. Die Pfarrer werden von den Gemeinden gewählt und vom Monarchen bestätigt. Die Domkapitel haben, jedes in seinem Stift, die Leitung der kirchlichen Angelegenheiten. Die Kirchen=
versammlung, aus Pfarrern und Laien bestehend, ist das gemeinsame repräsentative Organ der evangelisch=lutherischen Gemeinden.

Die Universität nimmt eine autonome Stellung ein. Die Gegenstände, über welche das Konsistorium derselben kein Beschlußrecht hat, sind teils dem Vizekanzler, teils dem Kanzler (welches gewöhnlich der Thronfolger ist) an=
heim gegeben, welcher letztere entweder selbst entscheidet oder die Entscheidung des Monarchen einholt.

Die Bank von Finnland steht unter Garantie der

Stände und wird verwaltet unter Aufsicht des Bankbevoll=
mächtigten der Stände. Die Gerichtspflege versehen auf
dem Lande die Bezirksgerichte, bestehend aus einem Be=
zirksrichter und den Geschworenen; in den Städten das
Stadtgericht, bestehend aus dem Bürgermeister und dem
Rat. Ueber diesen Gerichten erster Instanz stehen drei
Hofgerichte mit kollegialer Organisation, und die höchste
Instanz ist, wie oben erwähnt, das Justizdepartement des
Senates, welches in des Kaiser=Großfürsten Namen ent=
scheidet.

Die höchsten Beamten werden vom Monarchen selbst
ernannt, die niederen vom Senat, die niedrigsten von der
betreffenden Obrigkeit. Die Inhaber von Vertrauens=
posten, administrativen wie militärischen, mit dem Range
wenigstens eines Obristleutnants, können vom Monarchen
nach Gutdünken entsetzt werden. Alle übrigen Beamten
aber, zumal alle Richter, können nicht ohne gerichtliche
Untersuchung und Urteil abgesetzt werden; jedoch gilt diese
Unabsetzbarkeit nicht für die niedrigsten Polizei= und
Steuerbeamten.

Nur finnische Bürger haben Zutritt zum
finnischen Staatsdienst; Ausländer, wobei die Russen
natürlich auch als Ausländer gelten, nur wenn sie dem
Lande notwendig sind und dann besonders berufen werden.

Finnlands Stände, zum Landtage versammelt, bilden
die Repräsentation des finnischen Volkes. Sie bestehen
aus dem Ritter= und Adels=, dem Priester=, dem Bürger=
und dem Bauernstande. Die Stände werden vom Kaiser=

Großfürsten wenigstens jedes fünfte Jahr zum ordentlichen Landtage berufen, doch können auch außerordentliche Landtage ausgeschrieben werden. Der Landtag versammelt sich in der Hauptstadt Helsingfors und tagt in der Regel vier Monate. — Der Ritter- und Adelstand besteht aus den Oberhäuptern aller im finnischen Ritterhause eingetragenen Adelsgeschlechter. Ein Oberhaupt hat das Recht, einen andern Standesgenossen zu bevollmächtigen. Die Stelle eines ausgebliebenen Geschlechtshauptes kann von einem andern Gliede des Geschlechts eingenommen werden. — Der Priesterstand besteht aus dem Erzbischof, den Bischöfen, 28 Pfarrern, die von den ordentlichen Stiftspfarrern gewählt werden, ferner 1—2 Vertretern der Universität und 3—6 Vertretern der Elementarlehranstalten. — Der Bürgerstand besteht aus den Bevollmächtigten der Städte des Landes. Jede Stadt mit 1500—6000 Einwohnern wählt einen Vertreter. Erreicht die Einwohnerzahl 6000, so schickt die Stadt zwei Vertreter und für jede weitere volle 6000 einen weitern Vertreter. Städte mit weniger als 1500 Einwohnern können nur zu zweien einen Abgeordneten senden. Wahlrecht für den Bürgerstand haben alle Personen, die in einer Stadt angeschrieben sind und derselben Abgaben bezahlen, mit Ausnahme jedoch der Adeligen, Priester, Kauffahrtei-Seeleute, Soldaten und Diener. — Die Bauern-Vertretung besteht aus je einem Abgeordneten für jeden Gerichtssprengel. Die Wahl geschieht durch Elektoren, welche von der Gemeindeversammlung gewählt werden. An der Wahl der Elektoren nimmt jeder in der Kommune ansässige Mann teil, welcher steuertragendes Land besitzt, auf einer Kronshufe ansässig ist oder Staatsdomänen in Arrende besitzt und dabei weder einem der andern Stände angehört, noch in Staatsdienst steht. Von je 2000 Einwohnern einer Kommune wird ein Elektor gewählt; diese wieder wählen die Landtagsabgeordneten in Gegenwart des Distriktsrichters. Das aktive Wahlrecht in den unadeligen Ständen haben alle in mündigem Alter stehenden finnischen Bürger, die in dem Wahldistrikt wohnen und die drei letzten Jahre dem Lande Steuer entrichtet haben. Wer unter Vormundschaft steht, Konkurs gemacht hat, für entehrende Verbrechen oder Ungesetzlichkeiten bei der Landtagswahl verurteilt worden ist, hat dadurch sein Wahlrecht verloren. Das passive Wahlrecht besitzt in den unadeligen Ständen jeder Wahlberechtigte, der das Alter von 25 Jahren überschritten hat und den christlichen Glauben bekennt. Die Wählbarkeit ist nicht auf einen Wahldistrikt beschränkt. Das Repräsentationsrecht im Adelsstande ist von denselben Bedingungen abhängig, wie das Wahlrecht in den unadeligen. Im Landtage von 1877—1878 war die Zahl der Abgeordneten des Adelsstandes ca. 100, des Priesterstandes 35, des Bürgerstandes 44 und des Bauernstandes 59. Die Wortführer der Stände, in den unadeligen Ständen Sprecher, in dem adeligen Landmarschall genannt, werden vom Monarchen ernannt, mit der Ausnahme jedoch, daß der Erzbischof stets Sprecher des Priesterstandes ist. Alle Gegenstände werden von Ausschüssen vorbereitet, wozu alle Stände eine gleiche

Anzahl von Mitgliedern wählen. Jeder Stand arbeitet in der Regel einzeln für sich. Doch finden auch gemeinsame Beratungen aller Stände statt, wenn ein Stand es wünscht und ein andrer ihm beistimmt. Dabei ist auch der Senat anwesend; doch ist diese Versammlung nicht beschlußfähig, sondern immer nur die einzelnen Stände. Die Gesetzgebung kommt dem Kaiser-Großfürsten mit den Ständen gemeinsam zu. Die Initiative gehört indes nur dem Monarchen, außer wo es sich um Bewilligungen oder die Staatsbank handelt, wo auch den Ständen die Initiative zukommt. Außerdem hat die Kirchenversammlung das Recht, Kirchengesetze vorzuschlagen.[1] Für die Annahme oder Abänderung der Grundgesetze des Staates ist der einstimmige Beschluß aller Stände erforderlich. Solche Fragen können aber auf den nächsten Landtag vertagt werden. Alle Geldbewilligungen bedürfen ebenfalls der Beistimmung aller Stände; doch wird, wenn diese nicht erlangt werden kann, das Gesetz an den sogenannten verstärkten Ausschuß verwiesen, der aus je 15 Mitgliedern jedes Standes besteht und die Fragen im Namen der Stände endgültig entscheidet. Alle übrigen Fragen werden durch drei Stände entschieden. Wenn bei einem Gesetz, das notwendig eine Entscheidung erfordert, je zwei Stände einander gegenüberstehen, so wird es gleichfalls dem verstärkten Ausschuß zur Entscheidung überlassen.

[1] Im gegenwärtig versammelten Landtage ist ein Vorschlag des Monarchen wohl schon angenommen worden, wonach die Initiative der Stände bedeutend erweitert wird.

Die Gesetzgebung kann sich beziehen auf: Grundgesetze, Standesprivilegien, Zivil- und Kriminalrecht, nationalökonomische Gesetze mit gewissen Beschränkungen, Kirchengesetze, Seegesetze, militärische Grundgesetze, das Münzwesen, die Staatsbank und endlich alle Abgaben, mit Ausnahme der Zollabgaben. Ohne Mitwirkung der Stände ist der Monarch berechtigt, in administrativen Fragen Gesetze oder Verordnungen zu erlassen, d. h. betreffend Vollziehung der Gesetze und Handhabung der Staatsverwaltung. Die Grenze der administrativen Gesetzgebung ist nicht enger gezogen, weshalb in zweifelhaften Fällen die Stände zu befragen sind. Sobald der Monarch den Beschluß der Stände genehmigt hat, wird das Gesetz durch den Senat ausgefertigt. Die Stände haben das Recht, durch Petitionen die Wünsche des Volkes in allen das Land betreffenden Fragen vorzustellen.

In bezug auf die Staatsverwaltung soll folgendes hervorgehoben werden: Der Monarch ist in auswärtigen Angelegenheiten nicht verpflichtet, die Stände zu befragen; doch dürfen bestehende Gesetze des Landes durch internationale Verträge nicht verändert werden. Der russische Reichskanzler besorgt die finnischen auswärtigen Angelegenheiten, aber er muß in Fragen, welche Finnland allein betreffen, den finnischen Senat zu Rate ziehen.

Im Staatshaushalt ist nur teilweise die Mitwirkung der Stände erforderlich. Die ordinären Staatsausgaben werden vom Monarchen allein bestimmt, soweit die ordinären Einnahmen ausreichen. Außerordentliche Einnahmen müssen von den Ständen gefordert werden, welche auch über die Anwendung derselben zu beschließen haben. — Der Senat legt jährlich dem Monarchen den Staatsvoranschlag des nächsten Jahres zur Bestätigung vor, wobei auch die Finanzbestimmungen der Stände in Jahresraten eingestellt werden. Die Zölle werden (seit 1772) vom Monarchen allein bestimmt. Staatsanleihen dürfen nicht ohne Einwilligung der Stände gemacht werden. Die Staatsdomänen werden durch Verpachtung zinsbar gemacht. Dieselben dürfen nicht ohne Bewilligung der Stände verkauft werden. Die Staatswaldungen, etwa 138,000 qkm, werden direkt für Rechnung des Staates verwaltet. Die Staatseisenbahnen,[1] 840 km fertige und 270 km im Bau begriffene Bahnen (1881) werden nach Instruktionen seitens der Regierung von einer Eisenbahnverwaltung geleitet. Ein besonderes Staatsingenieurkorps hat Kanäle zu bauen ꝛc.

Finnland ist in acht Statthalterschaften oder Gouvernements (län) geteilt, die je von einer lokalen Gouvernementsregierung verwaltet werden: Nyland, Abo und Björneborg mit Aland, Tavastehus, Wiborg, St. Michel, Kuopio, Vasa, Uleåborg.[2] Ein Gouverneur steht an

[1] Die einzige Privatbahn, Borgå-Kervo, ca. 30 km lang, ist vor kurzem in Konkurs geraten.

[2] Die volksmäßige und historische Einteilung zerlegt Finnland von alters her in neun Landschaften: Karelen, Savolaks, Tavastland, Nyland, das eigentliche Finnland, Satakunta, Osterbotten, Kemi, Torno-Lappmark und die Insel Aland.

der Spitze jeder Gouvernementsverwaltung. Diese hat für Ordnung und Sicherheit zu sorgen, regelt den Wegebau und die Landpost, ihr liegen die ökonomische Verwaltung und das Kommunalwesen, die Steuererhebung und andere finanzielle Angelegenheiten ob. Jedes Gouvernement zerfällt in eine Anzahl von Gerichtssprengeln, welche zugleich auch Steuer- und Polizeidistrikte sind. Sie zerfallen weiter in Landvogteien. Die bürgerlichen Kommunen fallen gewöhnlich mit den kirchlichen Gemeinden zusammen. Die lokale Selbstverwaltung der Stadt- und Landkommunen ist nur insofern eingeschränkt, als Fragen, betreffend die Aufnahme von Anleihen auf längere Zeit, Veräußerung von Kommunaleigentum und gewisse Ordnungsbestimmungen der Bestätigung teils des Gouverneurs, teils des Senates bedürfen. — In kirchlicher Hinsicht umfaßt Finnland drei Bischofsstifte: Borgå, Kuopio und das Erzstift Abo. Jedes Stift ist in Probsteien geteilt. Gerichtsbezirke erster Instanz sind die 59 Städte und die Landgerichtssprengel.

Der Monarch hat das Recht der Begnadigung und Milderung von Strafen, nach Vorstellung des Senates; dieser hat bei geringeren Verbrechen das Recht, in des Großfürsten Namen zu begnadigen oder zu mildern.

Dispens von Bestimmungen der allgemeinen Gesetze kann der Monarch nur in den Fällen bewilligen, wo das Gesetz selbst darauf hinweist.

Das finnische Bürgerrecht wird durch Geburt oder Naturalisation gewonnen. Im letzteren Fall ist die Bewilligung des Monarchen einzuholen. Auch russische Unterthanen können nur auf ein besonderes Gesuch hin und nach Begutachtung seitens des Senates das Bürgerrecht erhalten.

Das Prinzip der Gleichheit aller vor dem Gesetz hat in Finnland immer mehr Eingang gefunden. Das „Forum privilegiatum" des Adels ist abgeschafft und sein ausschließliches Recht, Freigüter zu besitzen, aufgehoben, so daß an den Rittergütern jetzt nicht mehr Standes-, sondern nur Realprivilegien hängen. Auch alle Abgabeprivilegien gewisser Klassen sind abgeschafft. Die Wehrpflicht, welche früher nur den niederen Klassen oblag, erstreckt sich jetzt auf alle finnischen Bürger ohne Standesunterschied.

Das neueste Gewerbegesetz von 1879 ist rein auf das Prinzip der Arbeitsfreiheit gegründet, indem es voll das Recht eines jeden Mannes wie Weibes anerkennt, sich seinen Erwerb zu wählen.

Die Religionsfreiheit hat nach der Lostrennung von Schweden insofern einen Fortschritt erfahren, als das Kirchengesetz von 1869 den Austritt aus der evangelisch-lutherischen Kirche gestattet und die Landtagsordnung das politische Stimmrecht nicht von der Konfession abhängig macht. Ein Dissentergesetz ist indes noch nicht angenommen worden, da die betreffenden Vorlagen vom Landtag von 1877 verworfen wurden, welches Schicksal sie allem Anschein nach auch im gegenwärtig versammelten Landtage haben werden.

V.
Finnen[1] und Russen.

Man sieht aus dem Abriß der Verfassung, daß der Krone und damit der russischen Regierung recht bedeutende Rechte in bezug auf Finnland vorbehalten sind, und sie hat davon zu verschiedenen Zeiten verschiedenen Gebrauch gemacht. Seit dem ersten Landtage in Borgå 1809 ist bis 1863 keiner einberufen worden, die regelmäßige, mindestens fünfjährige Wiederkehr desselben wurde erst 1869 von Alexander II. kreïrt, dessen Regierungszeit überhaupt von Finnland gesegnet wird. Die tiefe Trauer, welche alle Teile der Bevölkerung Finnlands, nicht nur die schwedisch sprechenden allein, nach der Lostrennung von Schweden beherrschte, Alexander II. hat sie vergessen machen und das tief eingewurzelte Mißtrauen gegen Rußland bedeutend verringert. Er mischte sich fast gar nicht in Finnlands Angelegenheiten, so daß bei dem rüstigen Eifer, mit dem das Land strebt und arbeitet, es in dieser Periode trotz einiger Mißernten und ernster Notjahre zu wirklicher Blüte sich hervorgearbeitet hat, zu Wohlstand und ausgezeichneter Lage der Finanzen. Allerdings hat das Land es nicht immer so gut gehabt, namentlich drückte die Regierung Nikolais schwer darauf. Von wichtigeren Eingriffen ist unter andren die Verordnung Alexanders I. (1812)

---

[1] Unter Finnen verstehe ich hier alle Bürger des Landes, da diese sich ohne Unterschied der Muttersprache selbst so nennen. Nur einige Ultrasvekomanen wünschen, sich F i n n l ä n d e r zu nennen.

zu nennen, daß für die Religion der Kinder aus gemischten, griechischen und lutherischen Ehen die Religion des Vaters maßgebend sein müsse, daß also Kinder eines griechisch-orthodoxen Vaters griechisch, diejenigen eines lutherischen Vaters in seiner Kirche getauft werden müssen. Dieser Erlaß ist dem Landtage nie vorgelegt worden, ist daher nicht gesetzlich, wird aber im Lande gehandhabt, als ob er es wäre. Nikolai verbot, zum Glück erst am Ende seiner Regierung, den Druck aller Schriften in finnischer Sprache mit Ausnahme solcher asketischen Inhalts, und die Zensur arbeitete mit unerbittlicher Strenge, während die politische Gendarmerie die Ohren beständig gespitzt hielt. Doch aber muß anerkannt werden, daß er die Finnen im Innern gewähren ließ, mehr als nach seinem despotischen Charakter zu erwarten stand. Zwar mischte sich der Generalgouverneur, der fast stets ein Russe ist, hier und da ein und hatte mehr als gebührenden Einfluß, aber im ganzen muß zugestanden werden, daß doch die Regierung Nikolais für Finnland weniger schädlich gewesen ist, als für Rußland selbst. Zur Zeit Alexanders II. und auch gegenwärtig wird die Zensur nur äußerst milde gehandhabt, immerhin aber dürfte die im Landtage eben eingebrachte Petition um Aufhebung der Zensur, falls sie vom Landtage angenommen würde, doch kaum Aussicht auf Gewährung haben. Der Einfluß des Generalgouverneurs macht sich auch jetzt noch bisweilen in störender Weise geltend, doch scheint das nicht in den Intentionen des Kaisers zu liegen.

Von den rund 2,060,000 Einwohnern Finnlands sind, außer der russischen Garnison von etwa 7000 Mann, 6000 = 0,3 % Russen.

Um die finnische Unabhängigkeit möglichst zu wahren, sind verschiedene Gesetze aufgenommen, welche wohl sonst keinen Platz gefunden hätten. So z. B. dürfen sowohl im Militär- wie im Zivilressort nur finnische Unterthanen angestellt werden, während jeder Finne wohl im russischen Staatsdienste leicht Aufnahme findet, so daß wir z. B. im Militär eine große Anzahl von Finnen finden. Nie aber kann ein Russe finnischer Offizier werden; wohl werden finnische Aerzte gerne im russischen Dienste angestellt, nie aber findet ein russischer Arzt eine Anstellung in Finnland. Das Prinzip wird sehr streng eingehalten. Von den Finnen treten übrigens die Nationalfinnen nur selten in russischen Dienst, wohl aber die Söhne des finnisch-schwedischen Adels, namentlich nehmen sie viele hohe Militärposten in Rußland ein, doch trifft man sie nicht sehr selten auch im Zivildienste. Jetzt übrigens, da Finnland sein eigenes Militär besitzt, sind sehr viele Finnen aus russischem Dienst in den heimischen übergetreten. Uebrigens sieht die Bevölkerung doch etwas schief auf die finnisch-russischen Offiziere, und mir haben vormalige russische Offiziere erzählt, daß ihnen von ihren finnischen Landsleuten mit viel größerer Freundlichkeit und Achtung begegnet wurde, seitdem sie die schwarzen Aufschläge und blauen Kanten der finnischen Uniform tragen. Die Kommandosprache der finnischen Truppen ist die russische.[1] In Finnland stehen an russischen Truppen außer der Besatzung der beiden Festungen Sweaborg und Viborg noch eine Infanteriedivision und Artilleriebrigade, sowie mehrere sogenannte Reservebataillone und einige Rotten sogenannter Lokaltruppen, im ganzen etwa 7000 Mann. Das Verhältnis des Publikums zum russischen Militär ist ein äußerst reserviertes und kühles — Finnlands Damen aber heiraten gerne russische Offiziere. Das Verhältnis zwischen Einwohnern und Militär soll übrigens früher, noch vor zehn bis zwanzig Jahren, sehr viel kühler gewesen sein als jetzt, und fast gehen hierin die Nationalfinnen, die sogenannten Fennomanen, den Schweden voraus, während manche russische Zeitungen mit naiver Unkenntnis der Verhältnisse bei jenen gerade die größten Sympathien zu finden meinen. Die Nationalfinnen wollen von den Russen ebensowenig wissen wie von den Schweden, denn sie streben rastlos und unaufhaltsam nach Konsolidierung der finnischen Nation. Die russische Regierung baute auf Initiative des Generalgouverneurs, Grafen Adlerberg, in Helsingfors ein sehr schönes und elegantes kleines Theater, das an eine Million finnische

---

[1] Die finnischen einheimischen Truppen bestehen aus einem schon recht alten Scharfschützen-Gardebataillon und außerdem jetzt, nach Einführung der allgemeinen Wehrpflicht im vorigen Jahre, aus 9 Schützenbataillonen. Dieselben sind aber recht groß, und man meint, daß mit der Zeit die finnische Armee mit Einschluß der Reserven 70,000 bis 80,000 Mann zählen würde. Sie darf nur zur Verteidigung des eigenen Landes verwandt werden.

Innern Rußlands das halbe Leben im Militärdienste zu=
bringen, denn damals war die Dienstzeit 25 Jahr. Große
Gebiete verschenkte namentlich die Kaiserin Katharina ihren
Günstlingen, und hier war der finnische Bauer, der stets
frei gewesen, in Gefahr, das Joch der Leibeigenschaft
kennen zu lernen. In diesen Gebieten hat der finnische
Bauer die russische Tracht angenommen, und hier gibt es
auch ca. 25,000 griechisch-orthodoxe Finnen. Diese werden
von russischen Statistikern gleichfalls zu den Russen ge-
zählt, weshalb finnische und russische Statistiker über die
Anzahl der Russen in Finnland auseinandergehen. Ihre
Sprache ist aber die finnische geblieben, wenngleich, besonders in den Grenzgebieten, eine Masse von russischen
Wörtern in dieselbe aufgenommen ist; auch russische Sitten
und Gebräuche haben vielfach Eingang gefunden bis tief
nach Finnland hinein. Im Wiborgschen Kreise gibt es
einige größere Dörfer, die nur von Russen bewohnt werden und zusammen nahe an tausend Bewohner zählen.
Hier lagen früher russische Fabriken, diese gingen ein und
die Arbeiterbevölkerung blieb in elender Lage zurück. Die
Männer gehen jetzt alle in benachbarte russische Fabriken
des Petersburger Gouvernements, zumal die große Ge-
wehrfabrik Systerbäck, auf Arbeit, so daß die Dörfer weit-
aus den größten Teil des Jahres nur von Weibern,
Kindern und Greisen bewohnt werden.

An russischen Schulen [1] gibt es in Helsingfors ein acht-

[1] Diese werden von der finnischen offiziellen Statistik vollständig ignoriert, denn diese kennt von den russischen Schulen in

klaſſiges männliches klaſſiſches Gymnaſium mit 160 Schülern, ſowie ein ſiebenklaſſiges weibliches Gymnaſium mit 103 Schülerinnen. Ferner gibt es in Finnland neun ruſſiſche Volksſchulen, teils zweiklaſſig, teils einklaſſig, mit zuſammen 687 Schülern, 397 Knaben und 290 Mädchen. Alle dieſe Schulen ſind erſt in den ſechziger Jahren auf private Initiative der griechiſchen Gemeinden in Helſingfors, Abo, Wiborg und andern Orten entſtanden. Die beiden Gymnaſien in Helſingfors werden von der ruſſiſchen Regierung unterhalten, dieſelbe zahlt auch ſeit dieſem Jahre 3000 Silberrubel als Unterſtützung für die Volksſchulen in Finnland, und zwei derſelben erhalten auch eine geringe Unterſtützung von ſeiten des finniſchen Staates; im großen und ganzen aber waren und ſind die ruſſiſchen Volksſchulen auf private Hilfe angewieſen und werden zum größten Teil durch die Komitees der „ruſſiſchen wohlthätigen Geſellſchaft" unterhalten. Die ruſſiſchen Volksſchulen werden, mit Ausnahme der erwähnten Dorfbevölkerung, faſt ausſchließlich von den Kindern der ruſſiſchen verheirateten Untermilitärs beſucht. Dieſe ſind faſt ſtets mit Finninnen verheiratet, und die Kinder verſtehen, wenn ſie in die Volksſchule eintreten, häufig kein Wort ruſſiſch. Die ruſſiſchen Schulen in Finnland haben alſo außerordent-

Finnland nur zwei Volksſchulen, weil dies die einzigen ſind, welche vom finniſchen Staate einen Zuſchuß erhalten. Die folgenden Angaben verdanke ich der Liebenswürdigkeit des hieſigen ruſſiſchen Schuldirektors Herrn Arſchaulow, dem ich hiermit meinen beſten Dank ſage.

lich viel dazu beigetragen, die Entnationalifierung der Ruffen in Finnland zu verhindern oder aufzuhalten.

Der Handelsverkehr zwischen Rußland und Finnland ift ein fehr lebhafter. Die Fabriks- und Manufakturwaren, mit Ausnahme von Metallwaren, werden meift aus Petersburg eingeführt; die ruffifche Einfuhr nach Finnland ift bedeutend größer als die finnifche nach Rußland, weshalb auch das ruffifche Geld in Finnland fehr rar ift. Finnland hat einen ziemlichen Reichtum an Metallen; befonders Eifen und Kupfer wird vielfach gewonnen und verarbeitet; zumal die Stahl- und Eifeninduftrie befindet fich in einem höchft blühenden Zuftande. Die finnifche Metallinduftrie treibt fogar ihre Ausläufer weit nach Rußland hin; die meiften und größten Mafchinen-Etabliffements Petersburgs find in finnifchen Händen, find gefüllt mit finnifchen Meiftern. In den großen ruffifchen Gewehr- und Kanonenfabriken findet fich eine Menge von finnifchen Mechanikern; Jzewsk z. B. im Wjätkafchen Gouvernement ift vollftändig in finnifchen Händen; dasfelbe gilt von den uralifchen Bergwerken, fo den dem Fürften Demidow-San Donato gehörenden riefigen Werken von Nižni-Tagil' im Ural ꝛc. ꝛc. Doch muß bemerkt werden, daß der finnifche Meifter, wenn er fich in Rußland ein kleines Vermögen erworben, häufig auch ohne ein folches, immer in die Heimat zurückkehrt, während wir Deutfchen z. B. bekanntlich viel häufiger in Rußland bleiben.

Die Eifenwaren ftehen übrigens erft an dritter Stelle in der Lifte der finnifchen Ausfuhr nach Rußland; an erster Stelle steht die Holzausfuhr; Brennholz, Bretter und Balken werden hauptsächlich durch das Saimasystem tief aus dem Innern des Landes ins Meer geschafft. Die zweite Stelle nehmen Erzeugnisse der Meierei ein, zumal Butter, welche auf der letzten Meiereiausstellung in Petersburg die Produkte aller russischen Provinzen schlug, nicht ausgenommen die Butter der russischen Ostseeprovinzen. Gleichwohl soll die finnische Viehzucht einer bedeutenden Erweiterung fähig sein.

VI.

Anthropologische Charakteristik der finnischen Rasse.

Die umfassendsten anthropologischen Untersuchungen über die Finnen verdanken wir Prof. G. Retzius[1] in Stockholm, und ich kann kaum etwas besseres thun, als die Resultate seiner Arbeit darlegen.

Retzius unterscheidet zwei sich ziemlich wesentlich von einander unterscheidende Haupttypen, den tawastländischen und den karelischen. Der tawastländische Typus hat folgende Merkmale: Körperwuchs kräftig, stark, breitschulterig und überhaupt untersetzt, mit groben Gliedmaßen von mittlerer Länge, doch trifft man häufig genug auch kurze und lange, bisweilen recht ansehnliche Indivi-

[1] Finska Kranier ⁊c. Stockholm 1878.

buen. Konstitution gut, im allgemeinen ohne Neigung weder zu großer Fülle noch Magerkeit. Hautfarbe hell, doch oft auch etwas graulich bis olivengrau; sie ist selten so klar und rein mit durchschimmerndem rosigen Teint wie bei blonden Germanen. Kopf gewöhnlich groß, kurz und breit (brachykephal), doch nicht eigentlich hoch, oft ziemlich kantig mit stark entwickelten Scheitelbeinhöckern (tubera parietalia). Gesicht groß, lang, doch dabei verhältnismäßig sehr breit sowohl in der Stirngegend als noch mehr in den Jochbogen= wie Kieferpartien; der Unterkiefer stark entwickelt mit großen, stark ausgeprägten (hinteren) Winkeln und großem Abstand zwischen beiden. Nase klein, ziemlich stumpf, oder aber noch häufiger mit einer kleinen Spitze, die gewöhnlich etwas aufwärts gerichtet ist; Nasenflügel ziemlich breit. Mund gleichfalls ziemlich breit. Augen mit kleinen, ziemlich schmalen Lidspalten, welche bisweilen etwas schief gestellt sind, der innere Winkel etwas tiefer; die Iris ist hell, graublau oder häufiger blaugrau bis grau und hellblau. Augenbrauen schwach entwickelt, hell. Gesichtsausdruck etwas mürrisch, unsympathisch. Das Haar ist auf dem Scheitel blond, oft flachsfarben, sonst hell aschblond (cendré), an den Spitzen bei den Weibern oft gelb oder rotgelb, gerade, nie gelockt, ziemlich weich. Bei Kindern ist es so gut wie immer flachsgelb, bisweilen fast weiß. Bei älteren Leuten dunkelt es meist etwas, so daß es aschblond wird, doch behält es nicht selten ein dunkleres Flachsgelb bei. Bartwuchs im allgemeinen gering, meist aus verstreuten

Mark = Frank koftete, und unterhielt mit großem Aufwande an Mühe und Geld eine recht gute italienische Oper, die einzige Oper in der Stadt, ja im Lande. Doch sah man im Zuschauerraum fast nur russische Uniformen. Ab und zu sah man auch Schweden dort, nie aber betrat ein Nationalfinne dieses Theater; nie auch fand man der Opernaufführungen in irgend einer Zeitung auch nur Erwähnung gethan. Der jetzige Generalgouverneur, Graf Heyden, vermietete das Theater an dieselbe Truppe, und jetzt gehen sowohl Finnen wie Schweden gern in die Oper.

Außer dem Militär gibt es in Finnland noch eine große Anzahl von russischen Kaufleuten, und fast alle sind, wenigstens in Helsingfors, sehr reich und auch sehr angesehen. Uebrigens zählen sich die Kinder der eingewanderten russischen Kaufleute fast ausschließlich zur „swekomanischen", der schwedisch-aristokratischen Partei. Die Russen entnationalisieren sich hier ungemein leicht. In Helsingfors findet sich zwar ein russisches klassisches Gymnasium und weibliches Progymnasium, doch wird dasselbe fast nur von den Kindern der russischen Militärbeamten und Offiziere besucht, während die übrigen Russen ihre Kinder in der Regel in schwedische Gymnasien senden. Der Einfluß des russischen Volkes auf Finnland erscheint hiernach ziemlich gering. Das ist aber nicht überall der Fall. Einige östliche Provinzen Finnlands, der östliche Teil des Wiborgschen Kreises und das Gebiet des Ladogasee u. a. waren fast ein Jahrhundert lang dem russischen Reiche fest einverleibt; ein Teil der männlichen Bevölkerung mußte im

kurzen, steifen, hellen, bisweilen schwach ins Rote spielenden
Haaren bestehend, zumal auf dem Kinn. Gewöhnlich
rasiert der Tawastländer diese schlechte Bartanlage fort, so
daß man sie bloß ausnahmsweise beobachten kann; bei
den Mönchen von Walamo,[1] denen ihr Gelübde jedes
Verkürzen ihres Haares verbietet, kann man erst deutlich
sehen, wie viel der tawastländische Typus in dieser Rich=
tung leistet: man erkennt den Tawastländer sofort außer
an seinem übrigen Aussehen auch an seinem geringen Bart=
wuchs. In psychischer Beziehung besitzt der Tawast=
länder gleichfalls verschiedene charakteristische Merkmale:
er ist ernst, mannhaft, schwermütig, nachdenklich, ver=
schlossen, schweigsam, nicht enthusiastisch, nicht lebhaft oder
nicht beweglich, weder körperlich noch geistig, sondern im
Gegenteil träge und langsam, ungraziös und plump in
seinen Bewegungen, in jeder Hinsicht höchst konservativ
und nicht geneigt zu Verbesserungen und Veränderungen;
er ist nicht der Mann der Initiative weder für gute noch
für böse Unternehmungen, nicht geneigt zum Aufruhr
gegen die Obrigkeit. Er ist mißtrauisch und soll nicht frei
sein von Neid und Rachsucht, nachtragend schiebt er seine
Rache für eine günstige Gelegenheit auf, wobei grobe
überlegte Verbrechen nicht ganz selten sein sollen. Er ist
Fatalist im höchsten Grade und mit wenigem zufrieden, ja
er hält schwere Leiden und Entbehrungen mit einer be=
wunderungswerten Standhaftigkeit und Geduld aus. Ob=

---

[1] Griechisch-orthodoxes Mönchskloster am Ladoga.

gleich träge, so ist er doch ungemein ausdauernd bei der Arbeit, und bei seinem hervorragenden Eigensinn läßt er ein Vorhaben nicht fallen, so lange es irgend möglich ist. Er ist hilfbereit gegen seinen Nächsten und gastfrei, wenn er gerecht und freundlich behandelt wird. Er ist durchaus grundredlich und treu, wenn er sich auch nicht in Ergebenheitsbeteuerungen ergießt. Er beweist seine Ergebenheit lieber in Thaten als in Worten, wie er überhaupt sich nie superlativ, ja nicht einmal positiv ausdrückt, sondern in einer vorsichtig reservierten Form. Sein Auffassungsvermögen ist nicht rasch, doch sicher; auf den Grund gehend durchbringt er seinen Gegenstand langsam, doch gut. Er ist nicht musikalisch, nicht poetisch, wenigstens nicht schaffend in diesen Richtungen; man hört ihn selten singen.

Der tawastländische Typus ist demnach bei seinen vielen guten und tüchtigen psychischen Eigenschaften im allgemeinen physisch nicht gerade schön oder einnehmend, man findet wenigstens nur äußerst selten Personen, welche nach unsern Begriffen von Schönheit diese Eigenschaft besäßen. Das gilt nicht nur von den Männern, sondern auch von den Frauen. Die letzteren haben im allgemeinen etwas weniger kantige, mehr abgerundete Gesichter; doch aber hat Retzius unter den Tausenden von Gesichtern, die er gesehen, kein schönes gefunden. Wenn somit der tawastländische Typus sich zwar nicht durch äußere Reize auszeichnet, so hat er doch in seiner körperlichen wie geistigen Zähigkeit, Ausdauer und Bedachtsamkeit Charakterzüge, die ihn zu einer kräfti=

gen Raſſe machen, welche den Kampf mit dem Daſein wohl beſtehen kann, wenn ſie auch keine Neigung hat, auf fremdem Gebiet ſich auszubreiten, ſondern mit dem ihrigen zufrieden iſt. In bezug auf die geſchlechtliche Moral iſt ſie indeſſen nicht gerade ſtreng.

Der kareliſche Typus zeichnet ſich durch folgende Züge aus: **Körperwuchs** weniger kräftig als der tawaſtländiſche, weniger breitſchulterig und unterſetzt, ſondern mehr ſchlank und von ſchönern Proportionen, häufig über Mittellänge, ja ſehr anſehnliche Individuen ziemlich zahlreich. **Körperfülle** mäßig, ſelten Anlage zur Fettheit zeigend, eher zur Magerkeit. **Hautfarbe** ziemlich dunkel oder graulich weiß. **Kopf** nicht groß, wohlproportioniert, ziemlich kurz (brachykephal), doch weniger als beim Tawaſten. **Hals** von mittlerer Länge. **Geſicht** länglich, wohlproportioniert, im allgemeinen von geringer Breite, ſowohl in den Hirn- wie Jochbogen- und Kieferpartien, die letzteren aber gleichwohl ziemlich ſtark entwickelt, zumal die Unterkiefer, deren hintere Winkel wohl markiert ſind. **Naſe** lang, gerade, wohlproportioniert, ſpitz. **Mund** mäßig. **Augen** von mittlerer Größe, Lidſpalten faſt nie ſchief geſtellt; Iris dunkel graublau. **Augenbrauen** dunkel, ſtark entwickelt, oft etwas buſchig. **Geſichtsausdruck** im allgemeinen lebhaft, offen und einnehmend, aber doch von gewiſſem Ernſt. **Haar** auf dem Scheitel dunkel, meiſt kaſtanienbraun, zuweilen dunkel aſchblond, nicht ſtruppig, gewöhnlich weich, oft reich. **Bartwuchs** ſcheint ziemlich gering (der Bart wird gewöhnlich raſiert). In pſychiſcher Hinſicht iſt der Karele mehr frisch, lebhaft, leichtbeweglich und unternehmend, nicht verschlossen, sondern gesprächig und fröhlich, mehr zur Initiative geneigt, doch weniger zäh und ausdauernd, weniger gründlich und durchdringend, weniger fatalistisch, er ist freundlich, entgegenkommend und hilfreich. In der Art, sich zu geben, ist er mehr Gentleman; er hat eine schöne, oft edle Haltung, bewegt sich mit einer gewissen Freiheit und Feinheit; er macht im allgemeinen einen günstigen Eindruck. Auch schöne Typen kommen nicht so selten vor, sowohl unter Männern wie Weibern. Die letztern zeigen meist ovale Gesichter, regelmäßige Züge mit gerader Nase, offenen blauen Augen, hübschem Munde und lebhaftem Gesichtsausdrucke, sind von wohlproportioniertem, nicht selten schlankem Körperbau, recht anmutig und bisweilen wirklich schön.

So weit Retzius. — Es scheint nach dieser Schilderung, daß die beiden Haupttypen der Finnen sich glücklich ergänzen, und daß sie unter nicht allzu ungünstigen Umständen bei gemeinsamer Arbeit wohl eine Zukunft vor sich haben.

Wenn Retzius meint, daß die Esthen mit den Tawasten fast identisch seien, mindestens viel mehr Verwandtschaft mit diesen als mit den Karelen hätten, so kann dem so im allgemeinen sicher nicht zugestimmt werden, wenigstens imponieren die Porträts von Karelen, welche Retzius gibt, jedem Livländer durchaus als Esthen, und die Karelen, welche ich selbst gesehen, waren von der größten Aehnlichkeit mit den Esthen, wenigstens denen des Dorpater und Felliner Kreises, welche ich genau kenne, während mir die Tawasten, welche ich gesehen, viel fremder erschienen. Am meisten dürfte die von Koskinen in seiner Geschichte Finnlands ausgesprochene Meinung für sich haben, daß in die heutigen russischen Ostseeprovinzen sowohl Tawasten wie Karelen einwanderten und die jetzigen Esthen Nachkommen stellenweise der einen, stellenweise der andern sind.

VII.
Die Entstehung der Sprachenfrage in Finnland.

Wir sahen, daß die archäologischen Funde in Finnland auf einen reichen skandinavischen Einfluß schon in vorgeschichtlicher Periode hinweisen. Sieben Jahrhunderte lang war dann Finnland schwedische Provinz, und in dieser Zeit fand von Schweden her eine reichliche Uebersiedelung nach Finnland statt, besonders an die Küstenstriche. Schweden gab Finnland seine alte Kultur, gab ihm das Christentum, das dem Finnen so teure Luthertum; Finnland genoß der freien schwedischen Institutionen: es wählte den König und gab ihm Rat gleich dem übrigen Schweden; wie in Schweden so in Finnland saß der Bauer wie der Edelmann von jeher frei auf seiner Scholle, im skandinavischen Norden war die Schmach der Leibeigenschaft unbekannt; Schweden schenkte Finnland seine reiche Litteratur, während die finnische Sprache, wenngleich reich und biegsam genug, doch ein barbarisches Idiom war. Es gab keine finnische Litteratur. Was Wunder also, wenn schwedisch die Sprache der Gebildeten war, während finnisch nur von den eingeborenen Bauern gesprochen wurde? So kam es denn, daß Finnen, sobald sie nur etwas schwedisch radebrechen konnten, ihre Muttersprache verleugneten, um für gebildet zu gelten, wie sogar ich noch erlebt. Schwedisch war auch die Sprache der Beamten, die offizielle Geschäfts- und Gerichtssprache. Dies wurde nun, wie wir schon sahen, von der finnischen Bevölkerung, welche in ihrer großen Mehrzahl weder Schwedisch verstand, noch versteht, bisweilen drückend empfunden;[1] gleichwohl aber blieb, auch als Finnland selbständig wurde, Schwedisch die Gerichtssprache des Landes. Dies war aber auch kaum anders möglich, denn es war bisher in der That außer Bibelübersetzungen fast nichts in finnischer Sprache gedruckt worden; die technischen Ausdrücke mußten alle erst erfunden und konstruiert werden. Es war also als Geschäftssprache nur denkbar Schwedisch oder aber Russisch. Darum ver-

---

[1] Wir haben früher diejenigen Gelegenheiten zusammengetragen, bei welchen die Finnen diesem Ausdruck gegeben; ich muß jedoch ausdrücklich betonen, daß dies durchaus nicht eine Unzufriedenheit mit dem schwedischen Regimente überhaupt bedeutete; ja gerade auf das Gegenteil muß geschlossen werden, wenn im Laufe so vieler Jahrhunderte nur zwei- bis dreimal eine leichte Mißstimmung in einem damals so nebensächlichen Gegenstande, wie die Sprachenfrage war, geäußert wurde.

langte denn auf dem Landtage zu Borgå 1809 der Bauern-
stand selbst die Beibehaltung der schwedischen Sprache als
offizielle Geschäftssprache; wußten sie doch, daß sie dann
von ihren eignen Landsleuten würden gerichtet werden,
die, auf dem Lande wenigstens, stets beide Landessprachen
in gleicher Weise beherrschten und die mündliche Verhand-
lung auch schon früher nach Bedürfnis in finnischer
Sprache führten.

Jetzt aber, da Finnland selbständig geworden, begann
der finnische Nationalgeist sich allmählich zu regen, namentlich, wie es scheint, zuerst in der studierenden Jugend,
und ein in Schweden 1810 erschienenes Werk beklagt damals schon die an der Universität zu Åbo zunehmende
„Fennomanie". „Fennoman" wurde bald ein Scheltwort
für alle Nationalfinnen, welche später ihre schwedisch ge-
sinnten Gegner ihrerseits Swekomanen schalten. Diese beiden
Ausdrücke sind bis auf den heutigen Tag Parteinamen
geblieben. Jakob Judén trat im Anfange dieses Jahrhunderts als finnischer Dichter auf und befürwortete eifrig
das Recht der finnischen Sprache als Kurial- und Unterrichtssprache. Doch das war kaum früher möglich, als
bis die Sprache wissenschaftlich erforscht war, und daher
mußte zuvörderst in dieser Richtung gearbeitet werden.

Schon Gabriel Porthan († 1804) sammelte mit
seinen Schülern mit Eifer und Erfolg Material für die
Geschichte, Ethnographie und Geographie Finnlands und
schrieb auch ein größeres Werk: De poësie fennica;
Gananber († 1790) und Lenquist († 1808) sammel-

ten finnische Sprachschätze, Rätsel, Mythen ꝛc. Sogar ein kühner Versuch, eine finnische Zeitung herauszugeben, war schon im Jahre 1776 gemacht worden; hier und da traten finnische Volksdichter auf, aber gleichwohl blühte jetzt gerade die schwedische Sprache in Finnland, der schwedische Dichter Kellgren lebte längere Zeit in Abo, finnische Gelehrte, wie Colonius, und Dichter jener Zeit, wie Franzén, gelten als schwedische Klassiker, der letztere siedelte auch ganz nach Schweden über. Erst nach 1809 begann man aber die finnische Sprache wissenschaftlich zu bearbeiten und kam Leben in die finnischen Forschungen. Der Deutsche, H. R. v. Schröter, und der Arzt Zacharias Topelius veröffentlichten eine Sammlung finnischer Runen (Gesänge), der erstere mit deutscher Uebersetzung; Renvall gab das „Lexicon linguae fennicae" heraus und Sjögren († 1855) begründete die vergleichende finnische Sprachforschung. Man fing an, Gedichte in finnischer Sprache zu veröffentlichen, und einige lyrische Dichter kamen zu Ansehen, wie Gottlund Poppius, Tickler, Kallio u. a. Jetzt konnte sich ein finnisches Wochenblatt schon volle acht Jahre halten (1820—1827), und Arvidson trat 1821 in einer schwedischen Zeitung heftig für die finnische Sprache in die Schranken, fordernd, daß Finnland sich auch in geistiger Beziehung auf eigene Füße stellen solle. Zwar unterlag die Zeitung bald, doch ihres Begründers Ideen fanden zahlreiche Anhänger, die Partei der Fennomanen verstärkte sich. Im Jahre 1831 wurde die für die Entwickelung der finnischen

Sprache und der wissenschaftlichen Durchforschung Finnlands überhaupt so sehr wichtige „Finnische Litteraturgesellschaft" in Helsingfors gegründet. Der Arzt Lönnroth namentlich sammelte mit großem Fleiß Lieder, Sprichwörter und Rätsel des finnischen Volkes, fuhr ferner mit dem Sammeln der Runen fort und setzte aus letztern das große finnische Volksepos „Kalevala" zusammen, eines der größten Epen der Weltlitteratur und zugleich die Hauptquelle für die finnische Mythologie. Er sammelte Rätsel, Sprichwörter, Zauberformeln, Volkslieder 2c. in enormer Anzahl; er gab Zeitungen in finnischer Sprache heraus unter den schwierigsten Umständen; er übersetzte Gesetzbücher und wissenschaftliche Werke andrer Disziplinen ins Finnische und schuf so die technischen Ausdrücke für dieselben, und vor kurzem veröffentlichte er ein umfassendes, 2200 Seiten starkes finnisch-schwedisches Wörterbuch. Wie er also mit Recht der finnische Homer genannt wird, so ist er auch als der Vater der finnischen Kultursprache anzusehen.

Die Litteraturgesellschaft gründete 1841 ihr eigenes Journal, finnische Zeitungen entstanden eine nach der andern als der Ausdruck des Wachstums der nationalfinnischen Partei, und viele ausgezeichnete Männer und hervorragende Forscher gehören ihr an, vor allen der berühmte Sibirienreisende, Ethnolog und Finnolog Castrèn, Begründer der ural-altaischen Sprachforschung, ferner Snellmann, der sich durch Begründung der finnischen Finanzverfassung, sowie überhaupt als Staatsmann um

Finnland unsterbliche Verdienste erworben. Bedeutendere Dichter sangen in finnischer Sprache, es tauchten selbst dramatische Versuche in finnischer Sprache auf. Im Jahre 1843 erst wurde die finnische Sprache Unterrichtsgegenstand in den Schulen, welche bisher ausschließlich schwedisch gelehrt hatten. Der Kaiser Nikolai, der alle Regungen des Volksgeistes mit dem größten Mißtrauen betrachtete, erließ 1850 ein Verbot, andere als kirchliche und ökonomische Bücher in finnischer Sprache zu drucken; aber sobald Alexander II. auf den Thron kam, wurde dieses Verbot aufgehoben, und die finnische Sprache gewann wieder die Möglichkeit, sich frei zu entfalten. Eine finnische Zeitung nach der andern fing an zu erscheinen, und alle warben mit Erfolg für die nationalfinnische Bewegung; auch Blätter in schwedischer Sprache tauchten auf, die dieselbe Tendenz verfolgten. Es wurde in Helsingfors ein finnisches Theater gegründet, finnische dramatische und lyrische Dichtungen entstanden in immer reicherm Maße; namentlich ist als bedeutender Lyriker Oksanen (Aug. Ahlquist) zu nennen, der übrigens als ausgezeichneter Finnologe in Fachkreisen weit gekannt und viel genannt ist. Dramatische und lyrische Dichtungen wurden aus allen Kultursprachen ins Finnische übersetzt, reiche Wörterbücher und Grammatiken entstanden und entstehen noch eben; finnische wissenschaftliche Zeitschriften, Lehrbücher u. s. w. erwuchsen in immer reicherer Anzahl. Folge dieser reichen Arbeit ist eine fast vollständige wissenschaftliche Durcharbeitung der finnischen Sprache; die ihr fehlenden wissenſchaftlichen Fachausdrücke wurden erfunden und haben ſich vielfach feſt eingebürgert. Allerdings iſt in dieſer Hinſicht noch manches zu wünſchen übrig, denn immer wieder werden für dieſelben Begriffe neue Worte vorgeſchlagen, und zwar bemüht man ſich ſo viel wie möglich, Fremdwörter zu vermeiden und die neuen Begriffe aus finniſchen Stämmen zu entwickeln. Daß da bisweilen Mißgriffe und Konfuſionen vorkommen, iſt begreiflich, namentlich wenn ſolche Verſuche von philologiſch nicht gründlich durchgebildeten Leuten unternommen werden. Am meiſten ſündigen hierin die ſchriftſtellernden Seminariſten. Glücklicherweiſe hat aber Finnland eine nicht unbeträchtliche Anzahl von gründlichen Kennern der Nationalſprache, ſo daß ſie, die im Anfange des Jahrhunderts noch eine barbariſche war, ſich in der That zur Kulturſprache emporgerungen und ſich denn auch immer mehr und mehr Gleichberechtigung mit der ſchwediſchen Sprache erkämpft hat.

Wenn man nach dem Vorhergegangenen meint, daß der Gebrauch der ſchwediſchen Sprache gleich nach Gründung des Großfürſtentums zurückgegangen ſei, ſo wäre das ein Irrtum. Im Gegenteil nahm der Gebrauch der ſchwediſchen Sprache im Anfang des Jahrhunderts verhältnismäßig raſcher zu als ehedem. Viele adelige Geſchlechter, die wohlhabendſten Leute lebten früher mehr in Stockholm als in der Heimat, alle ſchwediſchen Elemente ſtrebten zum Zentrum hin. Das blieb ſpäter alles aus. Zwar ſiedelten einige wenige finniſch-ſchwediſche Familien nach der Loslöſung von Schweden in dieſes Land über, aber die Mehrzahl gerade der wohlhabendsten Leute blieb zu Hause, denn jetzt hatte Finnland ein eigenes Zentrum. Während also die schwedischen Elemente der Heimat erhalten wurden, nahm in gleichem Maße die Schwebisierung der finnischen zu. Erst in den letzten zwei bis drei Jahrzehnten fängt die finnische Sprache an, die schwedische in die Enge zu treiben. Fast alle wissenschaftlichen Arbeiten wurden und werden auch jetzt noch in schwedischer oder einer andern ausländischen Sprache, deutscher oder französischer, gedruckt; erst in allerletzter Zeit hat man angefangen, wichtigere wissenschaftliche Werke in finnischer Sprache mit beigedruckter deutscher oder französischer Uebersetzung zu veröffentlichen.

Im Herbst 1640 wurde von der Königin Christine die finnische Universität in Abo gegründet. Bei dem großen Brande von Abo 1827 brannte sie vollständig nieder und wurde dann in die Hauptstadt des Landes, Helsingfors, übergeführt, wo sie weiter blüht und hoffentlich noch recht lange blühen wird. Die Hochschule hat in schwedischer Zeit eine große Reihe ausgezeichneter Lehrer und Forscher gehabt, welche den Ruhm der schwedischen Wissenschaft nicht wenig gefördert haben, und hat auch in diesem Jahrhundert viele hervorragende Schüler und Lehrer besessen. Ich erinnere z. B. daran, daß Nordenskiöld ein Finne und Schüler der Helsingforser Universität war. Er mußte nach Beendigung seiner Studien politischer Mißverständnisse wegen das Land verlassen. Die Universität ist vollständig nach schwedischem Muster eingerichtet, wie auch ihre

Unterrichtssprache die schwedische ist. Nur in letzter Zeit werden die Vorlesungen über finnische Geschichte und Litteratur, sowie einige theologische Fächer in finnischer Sprache gelesen. Einen weitern wissenschaftlichen Mittelpunkt bildet außer mehreren andern gelehrten Gesellschaften die 1838 gegründete, mit reichen Staatsmitteln versehene finnische „Sozietät der Wissenschaften". Das Organ derselben, die „Acta societatis Scientiarum fennicae" druckt übrigens Arbeiten in allen hervorragenden Kultursprachen, mit Vorliebe in deutscher, französischer und schwedischer, auch lateinischer Sprache.

Wie beständig die Wissenschaft in Finnland hochgehalten wurde und vorherrschend doch in schwedischem Geiste, so erblühte auch das öffentliche Geistesleben in diesem Jahrhundert kräftig. Eine große Anzahl schwedischer Zeitungen tauchte auf, und die schwedische Journalistik ist auch bis heute noch ebenso reich in Finnland als die finnische. Die periodische Presse zählte in Finnland 1878 im ganzen 55 Journale und Zeitungen, davon 30 in finnischer und 25 in schwedischer Sprache. Davon sind die größten Tagesblätter schwedische. Auch die Dichtkunst in Finnland hat in schwedischer Sprache hervorragende Vertreter, vor allen den auch in Schweden hochgeschätzten Runeberg, der von Sweko- und Fennomanen in gleicher Weise verehrt und vielfach nicht nur über alle schwedischen, sondern überhaupt über alle Dichter gestellt wird. Er ist unter anderm der Dichter von „Unser Land", dem finnischen Nationalhymnus. Seine Werke ebenso wie die

Dramen und Novellen von Z. Topelius d. J. atmen echt finnisches Leben.

VIII.
Swekomanen und Fennomanen.

Ganz Finnland zerfällt gegenwärtig in zwei große Parteien, und überall, in den Zeitungen, im Landtage, in der Gesellschaft, ja in der Familie, überall ertönt das Feldgeschrei: Hie Fennoman, hie Swekoman. Da ist es nun, wollen wir ein sachliches Urteil über diese Gegensätze gewinnen, zunächst unsre Aufgabe, die Zahl und Bedeutung der Einwohner mit finnischer und schwedischer Muttersprache zu untersuchen.

Von den rund 2,060,000 Einwohnern Finnlands[1] geben 293,000 = 14,2 Proz. schwedisch als Muttersprache an, 1,750,000 = 84,9 Proz. dagegen finnisch. Die schwedisch redende Bevölkerung sitzt fast ausschließlich auf den Küstengebieten und den Inseln; fast die ganze finnische Küste ist mehr oder weniger dicht von Schweden bewohnt. Auf der Insel Aland und den umliegenden kleinern Inseln bilden sie 90 Prozent der Bevölkerung; in den

[1] Alle folgenden statistischen Daten habe ich, Dank der Liebenswürdigkeit des Herrn Direktors Ignatius, aus dem finnischen statistischen Bureau in Helsingfors erhalten. (Siehe auch den Anhang.)

Küstendistrikten Helsinge, West-Raseborg, Pedersöre zwischen 50 und 90 Proz., und in den übrigen Küstendistrikten, außer den nördlichsten, 5 bis 50 Proz. In diesen Gebieten sind auch die Bauern Schweden neben Finnen; sonst aber ist die schwedische Bevölkerung hauptsächlich in den Städten, namentlich wieder den Küstenstädten, angehäuft; Helsingfors und Abo z. B. sind fast rein schwedische Städte. In den Landstädten nimmt proportional mit der Entfernung derselben von der Küste die Zahl der schwedischen Bevölkerung ab. Es sind hier hauptsächlich die Beamten Vertreter des Schwedentumes, wie denn überhaupt die verschiedenen Aristokratien die Elemente der Swekomanie liefern: die Adels-, Beamten- und Geldaristokratie und vor allem der Geburtsadel. Die höchsten Landesposten sind von jeher in den Händen des Adels gewesen; seine Söhne dienen häufig im russischen Reiche, haben also viel Gelegenheit, dem Kaiser persönlich bekannt zu werden, und da ja die Besetzung der einflußreichsten Posten von ihm aus geschieht, so ist der Adel, obgleich er vor dem Gesetze durchaus gar keine Vorrechte besitzt, immerhin mächtig genug im Lande. Das erklärt zum Teil die überwiegend swekomanische Zusammensetzung der Beamtenwelt. Die Geldaristokratie aber — nun die zieht auch wohl anderwärts am Strange des Adels. Da nun die Beamten, und namentlich die höchsten, die Senatoren, also die finnische Regierung, überwiegend swekomanisch gesinnt sind, so ist es durchaus natürlich, daß sie der schwedischen Sprache ihr von alters her zugestandenes Recht, die offizielle Sprache des Landes zu sein, so lange wie möglich wahren wollten. Obgleich nun die nationalfinnische Bewegung immer weitere Dimensionen annahm, so widerstand die swekomanische Partei doch mit aller Kraft dem Ansturm. Denn welcher Mensch und welche Partei gibt gerne die Gewalt aus den Händen? Manche Swekomanen hegen auch die Anschauung, daß der Sieg der fennomanischen Partei einen Rückschritt für das Land bedeuten müsse, in der Meinung, daß die germanische Rasse der finnischen überlegen sei und der Sieg dieser also ein Unglück für das Land wäre. Solche Anschauung muß einem Volke gegenüber, das erst so kurze Zeit selbständig an der Kulturarbeit hatte teilnehmen, und dessen Fähigkeiten also noch nicht beurteilt werden können, als willkürlich, mindestens als verfrüht bezeichnet werden; jedenfalls kann das betreffende Volk die Berechtigung derselben am wenigsten zugestehen. Unter solchen Umständen wurde der Streit beider Parteien mit immer zunehmender Erbitterung geführt.

Eines der wichtigsten Streitobjekte der beiden Parteien ist die Schule, allerdings auch eines der bedeutsamsten für die Sprachenfrage. Finnland besitzt eine Universität in Helsingfors mit schwedischer Unterrichtssprache. Die Zahl der wirklich anwesenden Studenten im zweiten Semester 1881 betrug 811;[1] die Mehrzahl derselben folgt der fennomanischen Fahne. Das noch junge Polytechnikum

---

[1] Die Zahl aller immatrikulierten Studenten betrug 1315; dieselben genießen nämlich fast unbegrenzten Urlaub, weshalb die Zahl der Abwesenden so groß ist.

in Helsingfors mit schwedischer Unterrichtssprache zählt an 100 Schüler. Ferner finden sich zwei finnische Volksschullehrer- und -Lehrerinnen-Seminare, sowie zwei schwedische. Die Verhältnisse der übrigen Staats- und höheren Privatschulen im Schuljahre 1879—1880 gehen aus der folgenden Tabelle hervor:

Lyceen (humanistische Gymnasien).

Unterrichts-sprache	Schulen			Schüler			
	Staats-	Privat-	Summe	deren Muttersprache			Summe
				schwedisch	finnisch	fremde	
schwedisch	10	2	12	1789	148	37	1944
finnisch	4	6	10	255	1054	2	1311
deutsch	—	1	1	5	—	58	63
	14	9	23	2049	1202	97	3348

Realschulen.

schwedisch	7	1	8	491	19	4	514
finnisch	12	—	12	92	348	14	454
	19	1	20	583	367	28	968

Höhere Mädchenschulen.

schwedisch	7	24	31	2097	41	162	2200
finnisch	—	4	4	165	184	3	352
deutsch	—	3	3	60	—	106	266
	7	31	38	2322	225	271	2818

Elementarschulen.

Unterrichts-sprache	Schulen			Schüler deren Muttersprache			Summe
	Staats	Privat	Summe	schwedisch	finnisch	fremde	
schwedisch	5	—	5	—	—	—	208
finnisch	2	—	2	—	—	—	41
	7	—	7	—	—	—	249

Volksschulen.

schwedisch	—	—	134	—	—	—	—
finnisch	—	—	431	—	—	—	—
gemischte	—	—	11	—	—	—	—
	—	—	576	—	—	—	26,900

Außer den in der Tabelle namhaft gemachten Anstalten gibt es eine Menge kleiner privater Kinderschulen, die unter keinerlei Aufsicht der Behörden stehen und sich also der Statistik entziehen. Nach im Jahre 1877 gesammelten Angaben war die Zahl der Kinder im Schulalter (7 bis 16 Jahre) in den evangelisch-lutherischen Gemeinden Finnlands 342,836, und davon erhielt die sehr überwiegende Anzahl, nahe an 300,000 Kinder, ihren Unterricht in privaten ambulatorischen Primärschulen (116,201) und im Elternhause (177,925). Jede Art von Unterricht vermißten nur 6,983 Kinder, und zwar 1801 natürlicher Unfähigkeit halber. Dies ist in einem Lande ohne Schulzwang, wo noch dazu die Zahl der staatlichen Volksschulen so gering ist, ein außerordentlich gutes Verhältnis und zeugt,

falls die Angaben richtig sind, für ein geradezu bemerkens=
wertes Bildungsbedürfnis und bedeutende Intelligenz.

Von der Gesamtbevölkerung sind:

	les- und schreibkundig	nur les- kundig	Summa der Leskundigen
Schweden	22 Proz.	60 Proz.	82 Proz.
Finnen	7,5 „	70 „	77,5 „

Die für die Finnen etwas ungünstigeren Ziffern finden ihre Erklärung in der obigen Tabelle. Obgleich die fin= nische Bevölkerungsziffer die schwedische sechsfach übersteigt, so ist doch die Zahl der finnischen Volksschulen nur drei= mal größer als die der schwedischen. Von Elementar= schulen gibt es gar 5 schwedische gegen 2 finnische. Von höhern Töchterschulen finden wir sogar keine einzige Staats= schule mit finnischer Sprache gegen 7 mit schwedischer. Allerdings scheint aber das Bedürfnis nach schwedischen Töchterschulen größer zu sein, denn es gibt ihrer 24 Pri= vatschulen gegen 4 finnische; dazu sind noch von den 352 Mädchen der finnischen Schulen nur 184 finnischer gegen 165 schwedischer Abstammung, während die 2200 Mädchen der schwedischen Schulen nur 41 Mädchen finnischer Ab= stammung zählen; es wäre doch eigentlich gerade das umgekehrte Verhältnis zu erwarten gewesen. Ueber= haupt finden sich, wie wir das auch in den Realschulen und Lyceen sehen, verhältnismäßig mehr Kinder schwedischer Abstammung in den finnischen Schulen, als umgekehrt in den schwedischen solche finnischer.

Nur Realschulen gibt es finnische in größerer Zahl (12), als schwedische (7). Dies ist um so auffallender, als das Bedürfnis darnach gerade bei den Finnen geringer ist, als bei den Schweden, denn es gibt, trotz der größern Zahl dieser Schulen, nur 367 Realschüler finnischer gegen 583 schwedischer Nationalität. Ich weiß mir das nicht recht zu erklären, es sei denn folgendermaßen. Die Realschule ist überhaupt eine neuere Einrichtung, und da man sie nun in Finnland einführte, schuf man gleich mehr finnische als schwedische, da die Mehrheit der Bevölkerung aus Finnen besteht. Lyceen (humanistische Gymnasien) gab es früher nur schwedische, und die finnischen wurden nur allmählich nach Maßgabe des Bedürfnisses eingerichtet. Das Bedürfnis geht aber meist der Befriedigung desselben voraus, wie wir durch einen Blick auf die Tabelle des weiteren uns überzeugen können. Wir finden 10 schwedische gegen 4 finnische Staatsgymnasien und 6 finnische gegen 2 schwedische Privatgymnasien. Das Verhältnis der Privatschulen aber dürfte immer den besten Maßstab für das Bedürfnis abgeben. Hier ist es, wo die Fennomanen mit aller Kraft ihre Hebel ansetzen; ihre Führer lassen die Volksschule als weniger wichtiges Streitobjekt beiseite liegen und kämpfen mit aller Macht um die Einrichtung von Gymnasien mit finnischer Unterrichtssprache. Je größer eben die Zahl der Gebildeten mit fennomanischer Gesinnung ist, desto eher hat die Partei Aussicht, zur Herrschaft zu gelangen. Diese Taktik hat bereits bedeutsame Früchte getragen. Die Mehrzahl der ſtubierenden Jugend iſt ſeit wenigen Jahren fennomaniſch geſinnt, und dieſe Majorität vergrößert ſich beſtändig; die Zeit iſt alſo nicht fern, wo nicht nur der große Haufen, ſondern auch die Mehrzahl der Gebildeten des Landes zur fennomaniſchen Partei zählen wird; gewiß eine bedeutſame Thatſache. Der fennomaniſchen Taktik liegt aber auch der durchaus geſunde Gedanke zu Grunde, daß das Licht ſich von oben her verbreiten muß; je größer die Zahl der Gebildeten in den höchſten und mittleren Klaſſen, deſto erfolgreicher und vollſtändiger wird die Bildung auch die niederen Klaſſen durchdringen.

Dieſe Taktik entſpricht alſo auch am meiſten dem vom hochbegabten Snellmann formulierten und mit Wort und That erſtrebten Ziele der nationalfinniſchen Partei: eine finniſche Nationallitteratur zu ſchaffen und das finniſche Volk in die Reihe der Kulturvölker zu heben.

Weiter iſt das Streben der fennomaniſchen Partei darauf gerichtet, daß der finniſchen Sprache im Lehrplane der ſchwediſchen Gymnaſien ein möglichſt hervorragender Platz erteilt werde; und auch hier haben ſie den Erfolg auf ihrer Seite. Die Swekomanen ſelbſt beginnen dafür zu ſorgen, daß ſie genügende Kenntniſſe der finniſchen Sprache erwerben, denn vom übernächſten Jahre ab muß ein jeder im Staatsdienſte ſtehende oder in denſelben tretende ſich über die Kenntnis beider Landesſprachen ausweiſen; ich habe manchen im Dienſte ergrauten alten Herrn über die Schwierigkeiten der finniſchen Deklination mit ihren 15 Kaſuſſen jammern hören.

Das ist das Resultat eines Jahrzehnte währenden, mit beständig wachsender Leidenschaft geführten Kampfes: die vollständige offizielle Gleichberechtigung beider Sprachen. Dies haben die Fennomanen, wie ihnen auch von ihren Gegnern vielfach zugestanden wird, zumeist ihrer eignen durchdachten und in der Hauptsache sachlichen, durch bedeutende Kenntnisse unterstützten Kriegsführung, wie ihrem Ernste und ihrer Ausdauer, mit der sie nach Vervollkommnung ringen, anderseits aber auch dem Entgegenkommen der schwedischen Finnen zu verdanken; nur zu geringem Teile ist in letzter Zeit ein bemerkbarer Druck von seiten der russischen Regierung, beziehungsweise des Kaisers, maßgebend gewesen. Mit dem Resultate aber können sowohl die Fennomanen wie die russische Regierung zufrieden sein, in einer Hinsicht wenigstens. Die Kluft zwischen Schweden und Finnland erweitert sich zusehends. Im Anfange des Jahrhunderts war die Trauer über die Lostrennung von Schweden eine tiefe und allgemeine im ganzen Lande. Kinder echt finnischer Eltern haben mir vielfach erzählt, wie groß die Trauer ihrer Voreltern über die Trennung von Schweden gewesen; jetzt aber wären die Finnen, wenigstens die Fennomanen, die treuesten Bundes- und Gesinnungsgenossen der Russen in einem etwaigen Kriege mit Schweden, wie sich noch neulich zeigte, als die Gerüchte von einem Bunde Schwedens mit Deutschland gegen Rußland zur Wiedereroberung Finnlands auftauchten. Die Voraussetzung solch eines Planes, die schwedischen Sympathien Finnlands fehlen eben gegen-

wärtig bei der großen Mehrzahl der Bevölkerung vollständig. Sobald aber etwa Rußland anfinge, Finnland zu
einer russischen Provinz zu machen, würde ein mächtiger
Haß gegen Rußland auftreten. Zwar wäre der Widerstand passiv, doch nachdrücklich und von der Zähigkeit,
die der finnische Charakter mit sich bringt.

Damit diese Eventualität aber überhaupt unmöglich
werde, strebt ein Teil der fennomanischen Partei, fürs
erste allerdings nur die radikale Minorität derselben, nach
der Konsolibierung der finnischen Nation, darin
die einzige Möglichkeit sehend, wie der finnische Staat
zwischen der Scylla und Charybdis, an denen die finnische
Eigenart scheitern könnte, Schweden und Rußland, hin-
durchsteuern kann. Das Losungswort dieser Radikalen:
„yksi kieli, yksi mieli" — eine Sprache, ein Geist —
hat seine Anhänger hauptsächlich unter der studierenden
Jugend, wo überhaupt die Gegensätze am heftigsten aufeinander platzen und die Sprachenfrage von beiden Seiten
so heftig ventiliert wird, daß bisweilen recht nachdrücklich
an das Faustrecht appelliert worden ist. Es gibt, wie ich
selbst leider konstatieren konnte, Studenten, welche auf eine
in beliebiger Sprache gemachte Anrede, auch bei vollkommener Kenntnis derselben, nur finnisch antworten und
überhaupt nur finnisch sprechen. Ein Student, der hörte,
daß ich schwedisch gelernt, finnisch aber nur mit Hilfe des
Esthnischen etwas radebrechen konnte, warf mir vor: weshalb lernen sie in unserm Lande eine fremde Sprache
wie die schwedische, lernen Sie finnisch). Ueberhaupt ist

das eine beliebte Koketterie dieser jungen Leute, die schwedische Sprache als eine „fremde" zu bezeichnen.

Was die nationalfinnische Partei zumeist förbert, was ihre Bestrebungen zu ermutigen in der That sehr geeignet ist, das ist der Umstand, daß sie sich beständig auf Kosten der swekomanischen vergrößert. Hierauf weist unter anderm die aus unsrer Tabelle hervortretende Thatsache, daß in allen finnischen Schulen trotz deren geringerer Zahl sich bedeutend mehr Schüler mit schwedischer Muttersprache finden, als in den schwedischen solche mit finnischer. Vor allem aber ist die Thatsache maßgebend, daß es eine bedeutende Anzahl Männer gibt, welche, von schwedischen Eltern stammend, zur nationalfinnischen Partei gehören und dabei nur gebrochen finnisch sprechen; sie sind eben durch die nationalfinnische Bewegung mit fortgerissen und werden teils durch das Prinzip der Gerechtigkeit, teils von der Erwägung geleitet, daß die Verschmelzung der Nationalitäten die beste Garantie der Selbständigkeit des Landes gewährt; teils endlich durch den Wunsch, die ernste Gefahren für das Land bergende Nationalitätenfrage durch weise Nachgiebigkeit aus der Welt zu schaffen, ehe es zu spät wird. Ihnen steht die Heimat höher als die Muttersprache. Damit soll weder ein Tadel noch ein Lob ausgedrückt werden, es ist einfach Thatsache. Zum Verständnis und zur Erklärung derselben trägt außer der Lage Finnlands zwischen zwei mächtigen Staaten und sonstigen schon berührten Umständen noch besonders der ethnographische Charakter der Schweden Finnlands bei. Nur der

5

geringste Teil derselben, deren Eltern vor kurzem in Finnland eingewandert, sind wirkliche Schweden und gehören zum germanischen Stamme, die meisten sind aus Verbindungen von Finnen und Schweden hervorgegangen, zum Teil von sehr altem Datum. Einige uralte Adelsgeschlechter Finnlands stammen nachweislich von Finnen her, was sich aus der Entstehung des schwedischen Ritter- und Adelstandes im frühen Mittelalter erklärt. Jeder, der einen Mann mit Pferd und Rüstung beim Heere unterhielt, wurde abgabenfrei und in der Regel auch bald in den Adelstand erhoben; so haben auch zahlreiche finnische Bauern damals in den Ritterstand Eintritt gefunden. Die Vermischung der beiden Nationalitäten in Finnland hat seit seiner Ablösung von Schweden noch bedeutendere Dimensionen angenommen; gestand mir doch einer der bedeutendsten und von den Fennomanen meist gefürchteten und bestgehaßten Führer der Swekomanen, er sei keineswegs überzeugt, daß er rein germanischen Blutes sei, im Gegenteil halte er es für höchst wahrscheinlich, daß auch er aus Vermischung der schwedischen und finnischen Rasse stamme. Die Swekomanen führen also zumeist schon viel finnisches Blut; auch die schwedische Sprache fast aller Finnländer hat einen mehr oder weniger hervortretenden finnischen Accent und hat eine Anzahl finnischer Worte aufgenommen. Durch diese Umstände mag wohl der Uebertritt der Swekomanen zur nationalfinnischen Partei erleichtert sein. Auch ein andrer wichtiger Umstand ist in Betracht zu ziehen: Die gegenwärtige finnische Kultur ist fast identisch mit der schwedischen, und wenn einmal die nationalfinnische Spracheneinheit eintreten sollte, so wäre dann die finnische Kultur doch lediglich eine Fortsetzung der schwedischen, nur die Kultursprache würde eine andre, die finnische, sein; es wäre etwa eine Uebersetzung mit selbständiger Fortführung des Textes durch den Uebersetzer. Jedenfalls wird die finnische Sprache bald so weit sein, daß sie für jegliches Kulturwort ihren Ausdruck hat. Fleißig genug wird an der Ausbildung der Sprache gearbeitet.

Ob übrigens die finnische Nation jemals vollständig fennisiert werden sollte, ist äußerst zweifelhaft, ja man kann wohl mit Gewißheit sagen, daß das nie geschehen wird; denn die Berührungspunkte mit Schweden, wie dessen geistiger Einfluß sind zu vielseitig und mächtig, als daß das Aussterben der schwedischen Sprache in Finnland jemals vorausgesehen werden könnte. Sicher also ist es notwendig, daß die schwedische Sprache noch sehr lange, gewiß noch einige Jahrhunderte mit der finnischen gleichberechtigt bleibe. Es wäre daher im Interesse Finnlands äußerst wünschenswert, wenn die Führer der beiden Parteien ihre giftige und an Giftigkeit immer mehr zunehmende Agitation fallen ließen. „Wohl wäre es jetzt schon Zeit, sich zu vergleichen," sagte neulich bei seinem 80. Geburtstage ein echter Finne finnischen Stammes und gewiß kein schlechter Patriot, denn er ist der Schöpfer der finnischen Schriftsprache, der ehrwürdige Elias Lönnroth. An das Concordia res parvae crescunt und entsprechende finnische Sprichwörter erinnernd, fährt er fort: „Mein herzlichster Wunsch ist daher, daß zur Wohlfahrt unsres ganzen Landes die Uneinigkeit, die in letzter Zeit erwachsen, und deren Ursachen ja nicht mehr bestehen, verschwinden möge." In der That, jetzt da die Finnen finnische Schulen bekommen und die finnische Sprache überhaupt gleiche Rechte mit der schwedischen in kürzester Zeit erlangt, jetzt wäre es am Platze, die Sprachenfrage in Finnland dem Einflusse der Zeit zu überlassen, diese wird sie am besten zu Nutz und Frommen Finnlands lösen. Wenn die nationalen Leidenschaften, wie es jetzt geschieht, von beiden Seiten beständig angestachelt werden, so ist zu befürchten, daß zwischen den beiden in Finnland wohnenden Rassen, die doch aufeinander angewiesen sind, ein unheilbarer Riß entsteht, und das wünschen doch, so viel ich gesehen, beide Parteien nicht. Da nun die fennomanische Bewegung eine solche Ausdehnung erlangt hat, daß sie, wie jeder Verständige einsehen muß, nicht mehr aufzuhalten ist, ehe die berechtigten Forderungen der Partei erfüllt sind, so ist den Swekomanen dringend zu raten, daß sie der Gleichberechtigung der finnischen Sprache, die 1884 eintreten soll, und der Einrichtung von finnischen Schulen, soweit sie dem Bedürfnis entsprechen, nichts in den Weg stellen; ebenso aber auch den Fennomanen, daß sie, da ja ihre Forderungen erfüllt werden, die Agitation einstellen. Die Heißsporne unter ihnen jedoch, welche in dem Wahlspruche „Finnland den Finnen" unter Finnen immer die finnische Sprache verstehen und danach streben, die schwedische Sprache, welche doch von einem Sechsteil der finnischen Bevölkerung gesprochen wird, zu vergewaltigen, mögen sich des Wortes erinnern: Gewalt erzeugt Gewalt! Da die Swekomanen und Fennomanen Sprachenparteien sind, so ist a priori nicht zu erwarten, daß der Maßstab für politische Parteien in dem westeuropäischen Sinne an dieselben gelegt werden kann; und es erweist sich bei näherem Zusehen in der That, daß dieselben aus den politisch heterogensten Elementen zusammengesetzt sind. Ich fragte einen Fennomanen von hoher Bildung, welche Stellung seine Partei in politischer Hinsicht etwa einnehme, und seine Antwort war, sie verfolge hauptsächlich demokratische Tendenzen; ein andrer ebenso gebildeter Fennomane versicherte, die Partei sei überwiegend konservativ. Ebenso steht es mit den Swekomanen. Die Sprachenfrage tritt eben den übrigen Fragen gegenüber so in den Vordergrund, daß ein jedes Glied der Partei seine politischen Anschauungen, da ihnen in der Partei nicht widersprochen wird, als allgemeine ansehen kann. Bei Betrachtung der Ständezusammensetzung im Landtage zeigt sich, daß die Fennomanen im Bauern- und besonders im Predigerstande, welche im allgemeinen konservative Tendenzen verfolgen, dominieren; die Mehrheit des meist liberalen Bürgerstandes ist gemäßigt swekomanisch gesinnt, jedoch mit ziemlich starker fennomanischer Minorität; nur im Adelstande herrschen die Swekomanen allein, und gemäßigte Fennomanen bilden eine nur sehr schwache Minorität. Dieser Stand ist in der großen Mehrzahl seiner Glieder gleichfalls liberal zusammengesetzt, doch finden sich darin auch die konservativsten Junker, alle natürlich swekomanisch gesinnt.

Wie sehr die Sprachenfrage für alle politischen Fragen maßgebend ist, zeigt z. B. folgender Fall: Die Fennomanen sehen im Senate die Haupturfache der Verhinderung ihrer Ansprüche und der Verzögerung von deren Ausführung und verlangten, die Regierung müsse verantwortlich werden, entsprechend einem westeuropäischen verantwortlichen Ministerium. Diese gewiß doch liberale Forderung ging durch im „konservativen" Priester- und Bauernstande, fiel dagegen im „liberalen" Bürger- und Adelstande. Der vor Zusammentritt des gegenwärtigen Landtages gemachte, gewiß anerkennenswerte Versuch, eine allgemeine liberale Partei zu gründen, scheiterte kläglich am Mangel an Interesse.

So sehr nun auch die beiden Parteien, die swekomanische und fennomanische, in vielen wichtigen Fragen divergieren, zwei große Eigenschaften haben sie durchaus gemeinsam: eine große Vaterlandsliebe und das scharf hervortretende Gefühl und Bewußtsein der nationalen Zusammengehörigkeit. Das ist es, was beide Parteien mit gleichem Eifer am beständigen Fortschritt des Landes arbeiten läßt und Finnland eine glückliche Zukunft garantiert.

IX.
Die Deutschen und andre Völker in Finnland.

Von den übrigen in Finnland anzutreffenden Völkern nehmen an Zahl und Bedeutung die Deutschen, etwa 1500 Köpfe, die erste Stelle ein. Der deutsche Einfluß in Finnland ist ein sehr alter, wie schon die finnische Bezeichnung für die Deutschen: saksalaiset, Sachsen, wie die gleiche Bezeichnung der Esthen, saksad, anzeigt; sie stammt also aus einer Zeit, da noch der ganze Norden Deutschlands vom sächsischen Stamme bewohnt wurde. Die Hansa unterhielt, wie im ganzen Ostseegebiete, so auch in Finnland, rege Handelsverbindungen, viele Familien ließen sich dauernd in Finnland nieder, und zwar natürlich wieder in den Hafenstädten, wo sie aber zumeist rasch schwedisiert wurden; nur in Wiborg hat sich bis auf den heutigen Tag eine ansehnliche deutsche Kolonie erhalten, wie denn in dieser Stadt auch ein deutsches Privatgymnasium sich erhält. Später haben in der Zeit, als Esth- und Livland schwedische Provinzen waren, reichliche Wechselwirkungen zwischen den Deutschen dieser Provinzen und Schweden mit Finnland stattgefunden. So stammen namentlich mehrere finnische und schwedische Adelsfamilien aus Livland; ferner wurden im vorigen Jahrhundert die Teile Finnlands, welche in den Friedensschlüssen von 1721 und 1743 von Rußland erworben worden waren, bis zur Vereinigung derselben mit dem Großfürstentum Finnland meist von Liv- und Esthländern verwaltet. Kaufleute aus Reval, Riga und

Pernau siedeln bis zum heutigen Tage nicht so selten in die finnischen Küstenstädte über, wie denn überhaupt der deutsche Kaufmann und Fabrikant auch heute noch in denselben keine unbedeutende Rolle spielt. Ein weiteres Kontingent liefern die aus den russischen Ostseeprovinzen stammenden russischen Beamten deutscher Abkunft.

Die Deutschen werden in Finnland in der Regel sehr rasch schwedisiert, wozu die nahe Verwandtschaft beider Völker, ihrer Sprache, Sitten und Gebräuche die Hauptursache bildet. Wie groß der Zuwachs der Schweden Finnlands durch Deutsche gewesen, erkennt man aus der großen Zahl echt deutscher Namen, wobei noch zu bemerken ist, daß viele deutsche Namen jetzt als schwedische imponieren, einmal, weil es viele deutsche Namen gibt, welche mit schwedischen gleichlauten, was aus der Verwandtschaft beider Sprachen folgt, und weil ferner viele deutsche Namen schwedisiert und schließlich auch latinisiert sind, was früher in Schweden und Finnland sehr beliebt war. Die Kinder der eingewanderten Deutschen sind meist Swekomanen, seltener halten sie sich neutral. Dabei muß aber bemerkt werden, daß die Sympathien des swekomanischen, finnischen, wie auch die des schwedischen Adels mehr zu Frankreich neigen, während die Fennomanen mehr mit Deutschland sympathisieren. Jedenfalls aber nimmt von allen fremden Sprachen in Finnland die deutsche die erste Stelle ein. So ziemlich ein jeder Gebildete spricht geläufig deutsch, ja ich kenne finnisch-schwedische Familien, welche zu Hause stets deutsch sprechen, allerdings mit schwedischen Wendungen; von ausländischen Klassikern, mit Ausnahme natürlich der schwedischen, werden unstreitig die deutschen am meisten in der Originalsprache gelesen. An der Universität werden in denjenigen Fächern, für welche es keine genügenden schwedischen Lehrbücher gibt, und das ist z. B. fast mit allen medizinischen Disziplinen der Fall, ziemlich ausschließlich deutsche Lehrbücher benützt. An der Universität wirken allerdings so gut wie ausschließlich einheimische Kräfte, was wohl zum Teil darin liegt, daß die Professoren nicht, wie in Deutschland, berufen werden, sondern daß eine Konkurrenz ausgeschrieben wird; für das Polytechnikum aber wurden mehrere Professoren aus Deutschland berufen; der Komponist des finnischen Nationalhymnus: „vårt land" und vieler andrer nationaler Kompositionen, der in Finnland vielgefeierte Pacius, ist ein eingewanderter Deutscher; überhaupt kann man mit Sicherheit behaupten, daß nächst dem schwedischen der geistige Einfluß der Deutschen in Finnland am bedeutendsten ist, weshalb auch die Deutschen in Finnland sich so sehr wohl fühlen.

Von den sonstigen Völkerschaften sind noch zu erwähnen die Lappen, welche in der Anzahl von etwa tausend Köpfen die nördlichsten unwirtlichen Wiesen und Moore bewohnen und sich vornehmlich von Renntierzucht und Fischfang ziemlich kümmerlich ernähren. Sie stehen sprachlich wie körperlich den Finnen sehr nahe. Ihre Kulturstufe ist jedoch eine recht niedrige und ihre Bedeutung ist überhaupt so gering, daß man sie in Finnland selbst fast nur dem Namen nach kennt.

Die Juden spielen in Finnland eine nur äußerst untergeordnete Rolle. Sie wohnen etwa tausend Köpfe stark als Tröbler und Kleinhändler in den Städten. Das Gesetz gestattet ihnen, mit Ausnahme jener Juden, die in russischem Militärdienste gestanden haben, nicht einmal den Aufenthalt in Finnland. Sie werden aber als unschädlich stillschweigend geduldet. Nur im vorigen Jahr, wo es modern geworden war, glaubte der finnische Senat auch seine kleine Judenhetze haben zu müssen und wies mehrere jüdische Familien aus, was aber bei den meisten Zeitungen mehr oder weniger heftigen Tadel erfuhr, so daß kein rechter Ernst gemacht wurde.

Von Zigeunern finden sich auch circa tausend Köpfe in Finnland; sie führen hier dasselbe Wander- und Diebs-leben, wie überall.

Nachtrag.

In dem letzten Heft von "Bidrag till Finlands officiella statistik" sind folgende für uns interessante Angaben enthalten. Von den 2,060,782 Einwohnern Finnlands sind geboren in Finnland 2,046,730; in Rußland 7957; in Schweden 3693; in Deutschland 522; in Norwegen 196; in England 102 u. s. w. Nach dem Glaubensbekenntnis gehören: zur lutherischen Kirche 2,019,727; zur griechisch-orthodoxen 38,725; zur römisch-katholischen Kirche 2330 Einwohner.